MIRKO KRÜGER

Leipzig
für Klugscheißer

Populäre Irrtümer
und andere Wahrheiten

KLARTEXT

Bibliografische Information der Deutschen Nationalbibliothek
Die Deutsche Nationalbibliothek verzeichnet diese Publikation in der Deutschen
Nationalbibliografie; detaillierte bibliografische Daten sind im Internet über
http://dnb.dnb.de abrufbar.

IMPRESSUM

1. Auflage August 2020
Lektorat: Marielle Banker
Layout und Satz: Ina Zimmermann
Umschlagfotos: Adobe Stock: ©ArTo; ©travelview; ©Andreas Berheide; ©Eva Kahlmann;
©by-studio; Wikipedia: Das Messemännchen/©Prolineserver/CC BY-SA 3.0; Mirko Krüger;
picture alliance/United Archives/Fryderyk Gabowicz
Druck und Bindung: Griebsch & Rochol Druck GmbH, Gabelsbergerstraße 1, D-59069 Hamm
© Klartext Verlag, Essen 2020
Alle Rechte vorbehalten
ISBN 978-3-8375-2275-4

KLARTEXT

Jakob Funke Medien Beteiligungs GmbH & Co. KG
Jakob-Funke-Platz 1, 45127 Essen
info@klartext-verlag.de, www.klartext-verlag.de

Inhalt

Der Autor

Mirko Krüger ist Journalist sowie Sachbuch-Autor. Er hat in Leipzig studiert und hier auch einige Jahre gewohnt. Seither macht er sich in seiner Geburtsstadt Erfurt ab und an unbeliebt mit einem kulinarischen Vergleich. Er hat lieber original Leipziger Allerlei auf dem Teller als echte Thüringer Klöße.

Zum Geleit

Wo in Leipzig ist es am schönsten? Die Frage klingt so einfach, so lebensnah. Und genau das macht sie zu einer ziemlich schwierig zu beantwortenden Frage. Über 600.000 Menschen leben in Leipzig. Ein jeder hat seinen eigenen Lieblingsplatz, sei es im Rosental oder im Zoologischen Garten, sei es in einem Café oder vor einem Beckmann im Museum der bildenden Künste, sei es im Kleingarten oder auf dem Balkon.

Wo also ist es am schönsten? Mein Lieblingsplatz befindet sich 120 Meter über der Erde. Ich genieße es, von der Plattform des City-Hochhauses aus auf Leipzig zu schauen. Ich staune immer wieder aufs Neue, wie kompakt die Großstadt in Wirklichkeit ist. Alles scheint zum Greifen nah, weite Wege gibt es nicht. Vor allem aber erfreue ich mich daran, wie unglaublich grün Leipzig jenseits des Zentrums ist. Von hier oben wirkt die Stadt wie ein nicht enden wollender Park.

„Mein Leipzig lob' ich mir", klar doch. Einmal mehr bewahrheitet sich Goethes Lobpreisung. Doch stammt dieser Satz überhaupt aus dem Mund des Dichters? Oder ist es um das berühmte Zitat ganz anders bestellt?

Dieses Buch erzählt von populären Irrtümern und anderen Wahrheiten. Knallhart recherchiert, aber stets mit einem Augenzwinkern, beantwortet es Fragen wie diese: Warum streckt uns der Löwe im Stadtwappen die Zunge heraus? Wieso ist die höchste Erhebung der Stadt nicht natürlichen Ursprungs? Weshalb gehören Leipzig und der Kaffeegenuss untrennbar zusammen? Warum heißt das in Leipzig gern gegessene Törtchen ausgerechnet Lerche? Was verbindet die Stadt mit dem ersten Tatort-Krimi aller Zeiten? Und wieso fanden die großen Demonstrationen der Wendezeit stets montags statt?

Klugscheißer haben angeblich auf alles eine Antwort. Ach ja? Wo also in Leipzig ist es am schönsten?

Sei kein Frosch

„Mein Leipzig lob' ich mir." Der populäre Slogan stammt nicht von einem Leipzscher, sondern von einem Hessen, der noch dazu in Thüringen seine Wahlheimat gefunden hatte – von Goethe. War der Dichter wirklich von Leipzig begeistert? Oder ist alles doch ganz anders?

Mit Zitaten ist es ein eigen Ding. Betrachten wir sie isoliert, scheint ihre Bedeutung oft eindeutig zu sein. Doch mitunter stehen sie in einem Zusammenhang, der zu ganz anderen Interpretationen einlädt. Die Lobpreisung von Leipzig gehört dazu.

Zunächst: Ja, dieser Satz stammt von Goethe. Im Jahre 1808 erschien er erstmals in gedruckter Form. Allerdings hat Goethe ihn nicht als eigene Meinung geäußert. Er legte diese fünf Wörter vielmehr einer literarischen Gestalt in den Mund, einem gewissen Frosch. Selbiger Frosch hat seinen großen Auftritt im „Faust". Frosch gehört zu jenen Studenten, die in Auerbachs Keller ausgelassen zechen. Sie singen und jauchzen. Sie schlagen mit der Hand auf den Tisch. Sie zerfetzen sich die Mäuler. Sie gießen sich gegenseitig Wein über den Kopf. Mephisto kommt hinzu und erkennt: „So lang' der Wirth nur weiter borgt, sind sie vergnügt und unbesorgt." Alsbald hebt der weinselige Frosch an, die Stadt zu preisen: „Mein Leipzig lob' ich mir! Es ist ein klein Paris, und bildet seine Leute." War dies ernst gemeint, bierernst gar?

Goethe und Leipzig. Der Dichter kam als 16-Jähriger zum Studium hierher. Die Stadt „machte einen sehr guten Eindruck auf mich", hielt er Jahrzehnte später in seiner Autobiografie fest. Sie hatte „etwas Imposantes". Drei Jahre blieb Goethe in Leipzig. Oft war er Gast in Wirtschaften wie Auerbachs Hof. Gerade hier, so notierte der Student, habe er Zuflucht gefunden.

Doch schon bald missfiel dem werdenden Schöngeist die Leipziger Lebensart immer mehr. Weder dem Studentenleben noch den Abenden unter feinen Leuten vermochte er sonderliche Freude abzugewinnen. Zudem hielt er etliche seiner neuen Zeitgenossen für armselig. „Ich habe etwas mehr Geschmack und Kenntniß vom Schönen, als unsere Galanten Leute", wehklagte Goethe gegenüber seiner Schwester im Oktober 1766. Aber immerhin, er hatte einen Freund. „Wir trösten uns miteinander, indem wir in unserm Auerbachs Hofe [...] wie in einer Burg, von allen Menschen abgesondert sitzen, und ohne Misantropische Philosophen zu seyn, über die Leipziger lachen." Nur ein Jahr zuvor hatte er in einem Brief noch ganz anders geurteilt: „Ich lebe hier recht zufrieden."

War Goethe der Stadt und ihrer Menschen so schnell überdrüssig geworden? Ist das berühmte „Mein Leipzig lob' ich mir" deshalb ganz anders zu verstehen, vielleicht sogar als bitterböser Sarkasmus?

Man kann Fragen wie diese akademisch debattieren oder auch bei einem Schoppen am authentischen Ort, in Auerbachs Keller. Doch egal zu welchem Fazit wir dabei kommen, eines ist so oder so gewiss: Leipzig verdankt Goethe eine perfekte Werbebotschaft.

Sie zechen und sie streiten. Die von Goethe beschriebenen Studenten stehen als Skulptur vor Auerbachs Keller.

10 Fakten: Wir sind Leipzig

601.668 Menschen hatten zu Beginn des Jahres 2020 ihren Hauptwohnsitz in Leipzig.

304.604 der Einwohner sind Frauen.

1,8 Menschen gehören durchschnittlich zu einem Haushalt.

5.291 Menschen haben ihren Nebenwohnsitz in Leipzig.

42,4 Jahre beträgt das Durchschnittsalter der Leipziger.

83,1 Jahre alt wird ein in Leipzig derzeit neugeborenes Mädchen im Durchschnitt, so die Prognose.

77,5 Jahre beträgt die Lebenserwartung bei neugeborenen Jungen.

122.569 Einwohner sind im Rentneralter.

10,2 Prozent beträgt der Anteil der Ausländer an der Bevölkerung.

2.038 Einwohner wohnen durchschnittlich auf einem Quadratkilometer. Dies ist nach Berlin der zweithöchste Werte unter den ostdeutschen Großstädten.

Populärer Irrtum!

Eine Stadt, 100 Dörfer

Es gibt Fragen, die klingen simpel, sind aber dennoch nicht einfach zu beantworten. Wie soll ein Leipziger zum Beispiel auf die Frage eingehen, wo er wohnt? Ist Leipzig die richtige Antwort? Ja, aber ...

Machen wir die Probe aufs Exempel. Begeben wir uns in den Südwesten der Stadt. Hier liegt das nach Leipzig eingemeindete Dörfchen Rehbach. Wie sollte ein Rehbacher idealerweise seinen Wohnort angeben? Er steht angesichts vier richtiger Möglichkeiten vor der Qual der Wahl. Er könnte treu und brav Rehbach sagen. Oder er gibt den Namen des Ortsteils an, in dem er wohnt. Das wäre dann der wunderbare Zungenbrecher Hartmannsdorf-Knautnaundorf. Antwortmöglichkeit Nr. 3: Er nennt den nach einer Himmelsrichtung benannten Stadtbezirk. In seinem Fall ist das Südwest. Schließlich bleibt ihm noch die gleichermaßen einfachste wie unkonkreteste aller Antworten: Leipzig. Zweifelsohne ist Leipzig eine Großstadt. Doch wer diesen Begriff im engeren Sinne auslegt, erliegt einem weithin verbreiteten Klischee. Mehr als 100 Dörfer sind im Stadtgebiet aufgegangen. Einige sind als solche überhaupt nicht mehr erkennbar. Andere, wie Rehbach, haben sich den Charakter eines malerischen – manche sagen auch verschlafenen – Dörfchens bewahren können. Die Geschichte der Eingemeindungen reicht rund 600 Jahre zurück. Anno 1438 erhielt die Universität Leipzig die Dörfer Merkwitz, Hohenheida und Gottscheina vom Landesherrn geschenkt. Die Aufgabe dieser Dörfer war klar festgeschrieben. Sie hatten die Universität mit Lebensmitteln zu versorgen, zum Beispiel mit Gänsen und Hühnern, mit Bier und Getreide. Im 16. Jahrhundert kamen fünf weitere Universitätsdörfer hinzu. Immerhin fünf dieser acht Orte wurden später auch formal nach Leipzig eingemeindet.
Dies widerfuhr auch Rehbach – allerdings erst im Jahr 1999.

Ein Symbol der Stärke

Warum streckt der Löwe im Leipziger Stadtwappen die Zunge heraus? Wir können es uns einfach machen und antworten: Weil es die Löwen in Meißen und Dresden ebenso tun. Das klingt wie eine Ausrede, führt aber dennoch auf die richtige Spur.

Wenn der König der Tiere seine Zunge derart demonstrativ zeigt, dann gilt dies stets als Symbol seiner Stärke. Heraldiker, also die Experten für Wappen, drücken diese Tatsache natürlich ganz anders aus. Sie sprechen nicht von einer herausgestreckten Zunge, sondern von einer ausgeschlagenen Zunge. Der Löwe wiederum wird in der Fachsprache als rot gezungt bezeichnet. Doch woher stammt der Leipziger Löwe überhaupt? Die Spurensuche führt zurück ins Hochmittelalter. Bereits das Adelsgeschlecht der Wettiner führte einen solchen Löwen im Wappen. Er wird in Anlehnung an ihr damaliges Fürstentum, an die Mark Meißen, auch Meißner Löwe genannt.

Mehrere Städte im Herrschaftsgebiet der Wettiner entlehnten ihre Wappen diesem Vorbild. In Leipzig geschah dies Mitte des 15. Jahrhunderts.

Bleibt die Frage, was die beiden blauen Linien auf dem Wappen bedeuten. Es handelt sich um sogenannte Landsberger Pfähle. Sie stehen für ein weiteres Herrschaftsgebiet der Wettiner, für die Mark Landsberg (Lausitz).

Dieser Leipziger Löwe thront an der Fassade der Alten Börse am Naschmarkt.

Gusseiserne Visitenkarten

Sie wiegen rund 60 Kilogramm und bestehen zumeist aus Gusseisen. Das macht sie begehrt bei Dieben, die auf Altmetall erpicht sind. Immer mal wieder machen Meldungen die Runde, dass in europäischen Städten massenhaft Kanaldeckel gestohlen werden. Leipzig ist davon bislang verschont geblieben. Allerdings reißen Randalierer auch hier gelegentlich einzelne Deckel heraus. Etwa 40.000 dieser Abdeckungen gibt es in der Zuständigkeit der Leipziger Wasserwerke. Vor allem im Stadtzentrum wimmelt es von ansehnlichen Exemplaren. Sie zeigen das altehrwürdige Stadtwappen. Damit dürften die hiesigen Gullys durchaus Begehrlichkeiten wecken. Etwa die von Sammlern. Aber zum Glück lassen sich die gewichtigen Abdeckungen nicht in ein Album quetschen. So kann sich ein jeder Passant an ihrem Anblick erfreuen. Es sei denn, man läuft allzu hochnäsig durch die Straßen ...

Gully mit Leipziger
Stadtwappen

10 Fakten:
Ein ganz normaler Tag

Was geschieht täglich in Leipzig? Die sogenannten Durchschnittswerte
verraten es. Allerdings haben diese Angaben auch gewisse Tücken.
Die tatsächlichen Tageswerte schwanken teils erheblich.

18 Kinder werden geboren.

76 Leipziger ziehen in andere
Gemeinden um.

6 Paare heiraten.

93 Menschen ziehen aus anderen
Gemeinden nach Leipzig.

2 Ehen werden geschieden.

9.300 Touristen übernachten
in einem Hotel, in einer Herberge
oder auf einem Campingplatz.

348.000 Menschen
fahren mit der Straßenbahn.

36 Verkehrsunfälle ereignen sich.

195 Straftaten werden
begangen.

17 Leipziger sterben.

Linden, Flüsse, Kümmerlinge

Einst hieß Leipzig schlicht und einfach nur Lipzi. So zumindest besagt es die auf Latein verfasste Ersterwähnung der Stadt. Bis heute ist von Lipsia die Rede. Was aber bedeutet dieser Name?

Lipzi. Libzc. Libziki. In den ältesten bekannten Dokumenten lassen sich viele Schreibweisen für Leipzig entdecken. Dafür gibt es gute, weil nachvollziehbare Gründe. Eine einheitliche Rechtschreibung existierte im 12. und 13. Jahrhundert noch nicht. Man schrieb, wie man es hörte. Und das, was man hörte, die Sprache also, entwickelte sich zudem.

Namensforscher sind sich weitgehend einig, dass der Name der Stadt der slawischen Sprachfamilie entstammt. Doch dann beginnt auch schon das große Rätseln. Beruht der uralte Wortstamm zum Beispiel auf „lib" — oder aber auf „lipa"? Je nachdem worauf man setzt, ergeben sich völlig andere Bedeutungen. Das „lib" könnte auf die Lage in einer an Fließgewässern reichen Gegend hinweisen, was im Falle von Leipzig zutrifft: Hier fließen die Weiße Elster, Pleiße und Parthe. „Lipa" wiederum verweist auf Lindenbäume. War also eine Stadt gemeint, die von Linden bestanden wurde? Gut möglich, könnte man angesichts der heutigen Situation meinen. Jeder dritte Straßenbaum in Leipzig ist eine Linde.

Im Jahre 2017 brachte der Leipziger Slawistik-Professor Bernd Koenitz noch eine gänzlich andere Deutung ins Gespräch. Er führte den Stadtnamen zurück auf den slawischen Personennamen Libci. Damit sei ein „magerer, schwächlicher Mensch" gemeint. Leipzig könnte demnach zu übersetzen sein als „Siedlung von Schwächlingen oder Kümmerlingen oder dergleichen", eventuell auch einfach nur als Siedlung der Familie Libc'.

Wirklich klar scheint nur eines zu sein: Gesächselt wie heute wurde vor 1.000 Jahren offenbar noch nicht. Jedenfalls fand sich in keiner mittelalterlichen Schriftquelle die Buchstabenfolge wie in Leipzsch.

10 Fakten:
Was in Leipzig los ist

Das Kulturleben in Leipzig ist äußerst abwechslungsreich. Dennoch gibt es klare Favoriten. Wir haben die Besucherzahlen eines Jahres auf Tageswerte umgerechnet. Dabei gilt: An manchen Tagen passiert mehr, an anderen weniger. So sind die tatsächlichen Zahlen im Zoo zum Beispiel abhängig von Wetter und Saison.

13.400 Bücher und andere Medien werden in der Städtischen Bibliothek ausgeliehen.

4.930 Tierfreunde pilgern in den Zoo.

2.835 Gäste zieht es in ein Hallenbad.

1.174 Besucher erleben eine Veranstaltung im Gewandhaus.

786 Gäste werden im Völkerschlachtdenkmal gezählt.

587 Neugierige kommen ins Zeitgeschichtliche Forum.

465 Menschen verweilen im Museum der bildenden Künste.

345 Menschen informieren sich im Museum Runde Ecke.

137 Bach-Fans beehren das nach ihm benannte Archiv.

160 Kabarettanhänger amüsieren sich bei einer Vorstellung der Academixer.

Die Sache mit dem *L*

31 Kfz-Kennzeichen in Deutschland beginnen mit einem *L*. Aber natürlich besteht nur eines davon aus einem *L* allein, das von Leipzig. Doch wer meint, das sei schon immer so gewesen, der irrt.

Es gibt in Deutschland vier Großstädte, deren Name mit *L* beginnt: Lübeck, Ludwigshafen, Leverkusen und Leipzig. Die sächsische Metropole hat weit mehr Einwohner als die anderen drei Städte zusammen. Damit sollte klar sein, wer das prestigeträchtige, nur aus einem Buchstaben bestehende Kürzel *L* für sich beanspruchen darf. Ganz so einfach ist es dann doch nicht …
Noch zu DDR-Zeiten waren die Anfangsbuchstaben der Nummernschilder nicht in Anlehnung an den tatsächlichen Namen einer Stadt oder Region vergeben worden. Stattdessen wurden den 15 territorialen Bezirken jeweils Buchstaben zugeteilt – und zwar entsprechend ihrer geografischen Lage sowie entgegen dem Uhrzeigersinn. Das begann im Norden mit *A* für Rostock und endete im Osten mit *Z* für Cottbus. Kraftfahrer aus dem Bezirk Leipzig erhielten Kennzeichen, die mit *S* oder *U* begannen.
Nummernschilder hatte es bisher überhaupt erst seit 1906 gegeben. Im Deutschen Reich begannen die Leipziger Autokennzeichen mit *III*. In der sowjetischen Besatzungszone folgte ein *SL*; das Kürzel stand für Sachsen Leipzig. Es wurde durch die DDR-Kennzeichen im Jahr 1953 abgelöst.
Der Wechsel zum prägnanten *L* erfolgte erst nach der deutschen Wiedervereinigung. Allerdings gab es dabei zuerst einen Umweg zu nehmen. Das *L* war in der Bundesrepublik bereits für den Lahn-Dill-Kreis vergeben worden. Seit dem 1. November 1990 wird dort nur noch die Buchstabenfolge *LDK* ausgereicht. Jedoch behielten die bereits vorhandenen *L*-Kennzeichen des Lahn-Dill-Kreises Bestandsschutz. So kam es, dass man angesichts eines *L* über viele Jahre oft nicht gleich erkennen konnte, ob das jeweilige Auto in Sachsen oder in Hessen zugelassen worden war.

Fred Feuerstein in Leipzig

In der Leipziger Tieflandsbucht jagten Neandertaler einst Waldelefanten. Auch wenn hier noch kein Schädel dieser Altvordern entdeckt worden ist, traten atemberaubende Funde zutage.

Die Aue der Weißen Elster, vor rund 200.000 Jahren: Weiden und Birken wachsen hier, Eichen und Haselsträucher. Die Landschaft erinnert an einen Park. Es gibt offene Wiesen mit saftigem Gras, die Landschaft ist von Bächen durchzogen. Waldelefanten kommen zum Trinken, Waldnashörner und Hirsche. Manchmal streifen Luchse umher, ab und an ein Bär.

Die Idylle ist trügerisch. Neandertaler liegen auf der Lauer. Auf ein Zeichen hin brechen die Jäger aus dem Gebüsch und stechen mit Lanzen auf einen Elefanten ein. Das Tier wehrt sich, es schleudert einen der Urmenschen durch die Luft. Doch der Waldelefant hat keine Chance. Dutzende Male wird er von Stoßlanzen getroffen. Deren Steinspitzen sind scharf wie Skalpelle. Blutüberströmt bricht der Riese zusammen. Sofort beginnen die Neandertaler damit, ihn zu zerlegen. Wenig später brutzelt das erste Steak überm Lagerfeuer. Ist es wirklich so gewesen?

Lassen wir die Fakten sprechen. Die Fakten, das sind hier die Fossilien von Tieren, versteinerte Pflanzen sowie zahlreiche Werkzeuge aus Feuerstein. All dies kam in der Leipziger Tieflandsbucht zum Vorschein. Bereits ausgangs des 19. Jahrhunderts entdeckten Forscher bei Markkleeberg etliche von Menschen bearbeitete Feuersteinwerkzeuge. Der Fundplatz ist das älteste archäologische Denkmal Sachsens. Abertausende Feuersteingeräte wurden seither an verschiedenen Orten geborgen. Dazu gehören Faustkeile aus dem

Ein Neandertaler in Denkerpose:
Die lebensgroße Rekonstruktion ist
im Landesmuseum für Vorgeschichte
in Halle ausgestellt.

ehemaligen Tagebau von Zwenkau. Sie wurden im Jahr 2018 vom Leipziger
Max-Planck-Institut untersucht. Die Experten datierten diese Werkzeuge auf
ein Alter von etwa 280.000 Jahren. Für sie sind all diese Funde ein klares Indiz
für die Anwesenheit von Neandertalern.

Was aber ist mit den Waldelefanten geschehen? Zwar wurden im Stadtgebiet
von Leipzig bislang keine Fossilien dieser Tiere gefunden, gleichwohl gelang
dies an mehreren Fundplätzen im Umland. Dazu gehört Gröbern im Norden
von Leipzig, wo sich ein Hotel mittlerweile sogar „Waldelefant" genannt
hat. Bei dem hier entdeckten Waldelefanten lagen 20 Feuersteingeräte mit
scharfen Kanten. Damit scheint klar, dass dieses Tier von Menschen zerlegt
worden ist.

Auch zu den vor etwa 100.000 Jahren ausgestorbenen Waldelefanten hat
das Max-Planck-Institut intensiv geforscht. Dabei konnte deren enge Ver-
wandtschaft zu den Afrikanischen Elefanten nachgewiesen werden. Einen
wesentlichen Unterschied gibt es freilich: Die hiesigen Elefanten hatten eine
Schulterhöhe von bis zu vier Metern. Ihre Verwandten aus Afrika sind kleiner.

Die Neandertaler und wir

Vor rund 40.000 Jahren sind die Neandertaler ausgestorben. Ach ja? Nein, sie leben weiter, zum Beispiel in den Bürgern der Stadt Leipzig. Wie soll das bitte funktionieren? Antworten darauf gibt eines der in Sachen Urgeschichte weltweit führenden Forschungsinstitute. Es ist in Leipzig ansässig.

Was wäre, wenn wir einen Neandertaler so frisieren würden, dass sein Haar die flache Stirn bedeckt? Was, wenn wir ihn in ein schickes Oberhemd und Jeans steckten und mit ihm auf eine Party gingen? Was würde dann wohl passieren? Vermutlich nicht allzu viel. Der Bursche könnte in aller Ruhe das Buffet plündern, und dabei wären ihm ob seines athletischen Körperbaus ganz sicher manch bewundernde Blicke gewiss. Allerdings sollte unser Neandertaler lieber nicht versuchen zu sprechen, dann wäre es aus mit der Maskerade.

Der moderne Mensch und der Neandertaler. Seit der Entdeckung der ersten Gebeine dieser Urmenschen anno 1856 wird seine Stellung im Stammbaum der Menschheit kontrovers diskutiert. Lange Zeit

Svante Pääbo neben der Nachbildung eines Neandertaler-Skeletts

hieß es, die Neandertaler hätten mehr als 200.000 Jahre ungestört in Europa gelebt. Dann aber wanderte der moderne Mensch (Homo sapiens) ein und verdrängte den Neandertaler angeblich immer mehr. Schließlich starben die Urmenschen aus.

Heute, gut 40.000 Jahre später, wissen wir: Diese Geschichte muss in weiten Teilen anders geschrieben werden. Dass wir überhaupt davon wissen, verdanken wir einem Forscher aus Leipzig. Und das ist Svante Pääbo. Mitte der 1990er Jahre gelang es dem Schweden, erstmals Bruchstücke des Erbguts eines Neandertalers zu entschlüsseln. Kurz darauf wurde er Gründungsdirektor des Max-Planck-Instituts für Evolutionäre Anthropologie in Leipzig. Seither hat Pääbo mit seinem Team die Analysemethoden immer mehr verfeinert. Schließlich gelang 2010 der große Durchbruch. Die Leipziger Paläogenetiker konnten nachweisen, dass etwa zwei Prozent des Erbguts moderner Europäer von Neandertalern abstammen. Bei Asiaten sind es sogar bis zu vier Prozent.

Mit anderen Worten: Neandertaler und Homo sapiens haben nicht nur lange Zeit parallel in Europa und Asien gelebt, sie haben sich sogar miteinander fortgepflanzt. Zu einem besonderen Glücksfall geriet die genetische Analyse eines vor 40.000 Jahren verstorbenen modernen Menschen. Bei diesem stellte Pääbo fest, dass er erst vier bis sechs Generationen zuvor einen Neandertaler-Vorfahren in seinem Stammbaum hatte. Lediglich bei Afrikanern lässt sich keine solche Vermischung belegen. Das muss nicht wundern, schließlich hatten auf dem südlichen Kontinent auch keine Neandertaler gelebt.

Von den Genen der ausgestorbenen Verwandten hat laut den Leipziger Forschern insbesondere unser Immunsystem profitiert. Auch nachtaktive Menschen weisen demnach oft die besondere Neandertaler-DNA auf. Zugleich begünstigt das uralte Erbgut aber auch unser Suchtverhalten, etwa das Rauchen.

Trotz aller Erkenntnisse sind noch unglaublich viele Fragen offen. So sagt der Leipziger Genetiker Matthias Meyer denn auch: „Wir wollen verstehen, wer die Neandertaler an sich waren. Dabei stecken wir aber noch in den Anfängen." Letztlich geht es den Max-Planck-Experten um Fragestellungen wie: Auf welche Weise entwickelten sich die Neandertaler über Hunderttausende von Jahren? Lebten sie in großen oder kleinen Gruppen? Waren sie Nomaden oder ortsfest? Über allem aber steht die große Frage: Warum hat Homo sapiens bis heute überlebt, der Neandertaler jedoch nicht?

Leipzig vor 7.500 Jahren

Die heutige Innenstadt war bereits ausgangs der Steinzeit bewohnt. Im Bereich des Thomaskirchhofs sowie im Umfeld der Propsteikirche konnten Archäologen zwei 7.500 Jahre alte Siedlungen nachweisen. Doch wer waren die hier lebenden Menschen? Welchem Volk gehörten sie an?

Der Martin-Luther-Ring und der Dittrichring gehören zu den verkehrsreichsten Straßen in Leipzig. Gut möglich, dass entlang der heutigen Wegführung auch schon vor 7.500 Jahren die Ureinwohner der Stadt unterwegs waren. Archäologische Beweise für die Existenz eines solchen Weges gibt es zwar nicht. Andererseits aber belegen Ausgrabungen, dass nahe von Thomaskirche und Propsteikirche gegen Ende der Steinzeit zwei kleine Siedlungen standen. Beide Plätze liegen nur rund 500 Meter Luftlinie auseinander. Heutzutage führt die schnellste Verbindung über den Luther- und den Dittrichring.

Vor rund 7.500 Jahren ließen sich die ersten Bauern in dem für seine fruchtbaren Böden bekannten Großraum Leipzig nieder. Wissenschaftler bezeichnen diese Phase des Übergangs vom Nomadenleben zur Sesshaftigkeit als Jungsteinzeit bzw. Neolithikum. Wer aber waren diese ältesten bekannten Leipziger? Welchem Volk gehörten sie an? Wir wissen es nicht. Archäologen sprechen hilfsweise von Angehörigen der Linienbandkultur. Der Name leitet sich von der auffälligen Verzierung ihrer Töpferwaren ab. In die Gefäße wurden Linien eingeritzt, die sich zu Bändern fügen. Die Linienbandkeramiker waren in einem äußerst großen geografischen Raum beheimatet. Er reicht von den Karpaten über Mitteldeutschland bis nach Paris.

Die Menschen der Jungsteinzeit gelten als äußerst geschickte Baumeister. Bis zu 30 Meter lang waren ihre Häuser. Während es am Thomaskirchhof lediglich gelang, die Ecke eines jungsteinzeitlichen Wohnhauses nachzuweisen, trat am Flughafen eine ganze Siedlung zutage. Hier führte das sächsische Landesamt für Archäologie in den Jahren 2004/05 im Bereich eines geplanten Baufeldes routinemäßig Grabungen durch. Dabei stießen die Ausgräber auf immerhin acht Häuser.

Die linienförmigen Verzierungen der Gefäße gaben der jungsteinzeitlichen Kultur ihren Namen: Linienbandkeramik.

Körperlich waren diese Bauten zwar nicht mehr vorhanden, wohl aber deren rechteckige Grundrisse. Um sie kenntlich zu machen, bedienen sich Archäologen einer verblüffend einfachen Technik. Sie ziehen den Mutterboden mithilfe von Baggern großflächig ab. Blickt man aus der Vogelperspektive auf diese Flächen, zeichnen sich zahlreiche dunkle Stellen im Erdreich ab. Wir sehen die Überreste der hölzernen Stützpfosten, die ins Erdreich eingegraben worden waren. Sie haben in Form von dunklen sowie in die Tiefe reichenden Verfärbungen im helleren Löss die Zeiten überdauert. Die tragenden Pfosten waren demnach bis zu einem halben Meter stark, die einfacheren Wandpfosten dick wie ein Oberarm.

In jedem dieser 30 mal acht Meter hohen Häuser lebte vermutlich eine Großfamilie nebst dem lieben Vieh. Der Materialverbrauch für jedes dieser Gebäude war immens. Mehrere Eichen galt es mit Steinbeilen zu fällen, etwa 100 Pfosten zu bearbeiten. Dachlatten von mehreren Hundert Meter Länge waren zu schneiden, Schilf oder Stroh für die Deckung zu bündeln. Schließlich wurden auch noch die aus Flechtwerk bestehenden Wände mit Lehm verschmiert. Etwa 65 Kubikmeter wurden pro Haus verbaut. Die Pampe entnahmen die Bauherren kleineren Gruben, die sie nur wenige Schritte von den Baustellen entfernt aushoben und danach als Abfalllöcher nutzten.

Unweit der Wohnbauten befand sich der Friedhof der Schkeuditzer Linienbandkeramiker. 30 Gräber konnten freigelegt werden.

Auch andernorts in und um Leipzig gelang es, jungsteinzeitliche Siedlungen nachzuweisen. So stießen die Ausgräber im Bereich des BMW-Werkes auf mehr als 30 Gebäudegrundrisse. Auch einen Brunnen legten sie frei. Das darin verbaute Holz konnte anhand der Jahresringe datiert werden. Die Eichen waren 5258 vor unserer Zeit gefällt worden. Damit gilt dieser Brunnen als der älteste bekannte in Deutschland.

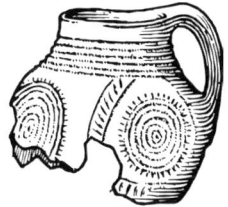

Hieß Leipzig einst Aregelia?

Um das Jahr 150 verfasste Claudius Ptolemäus die „Geographike Hyphegesis". Darin wies der Grieche alle ihm auf Erden bekannten Orte aus. Sogar geografische Koordinaten gab er an. Hat Ptolemäus auch Leipzig erwähnt?

Wer heutzutage die Lage eines Ortes exakt angeben möchte, kann es sich einfach machen. Die Koordinaten lassen sich dank GPS-Geräten bestimmen; noch dazu geschieht dies nach weltweit einheitlichen Standards. Tatsächlich ist Ptolemäus im 2. Jahrhundert n. Chr. kaum anders vorgegangen. Allerdings nutzte er in Ermangelung von Satelliten andere Quellen. Darunter fielen Reiseberichte von Kaufleuten und Seefahrern sowie Angaben von römischen Landvermessern. All diese Informationen übertrug Ptolemäus auf die Kugelgestalt der Erde. Sogar Längen- und Breitenangaben vermerkte er. Etwa für die Stadt Aregelia. Sie verortete der Grieche auf dem Längengrad 36° 30' und dem Breitengrad 52° 20'. Sein Nullmeridian verlief allerdings nicht wie heute durch Greenwich, sondern durch die kanarische Insel El Hierro.
Generationen von Wissenschaftlern versuchten, Ptolemäus' Angaben zu entschlüsseln und sie heutigen Orten zuzuordnen. Dabei machte vor allem zu schaffen, dass der Grieche den Erdumfang viel zu klein berechnet hatte. Deshalb lassen sich seine Koordinaten nicht ohne Weiteres übertragen.
Dann aber traten im Jahr 2010 deutsche Wissenschaftler an die Öffentlichkeit. Sie wiesen Ptolemäus' Daten zeitgenössische Orte zu. Damit wurde auch Leipzigs Ersterwähnung um fast 1.000 Jahre vordatiert. Allerdings ist bei Ptolemäus nicht von Leipzig die Rede, sondern von Aregelia. Bei ihm liegt die Stadt im Dreieck von Bicurgium (Jena), Luppia (Bernburg/Saale) und Galaegia (Riesa). Hieß Leipzig wirklich Aregelia? Gut möglich. Der ultimative Beweis steht dennoch aus: Keines der damals in Germanien lebenden Völker hat sein eigenes Dasein in Schriftform überliefert.

Populärer Irrtum!

Seit wann besteht Leipzig?

1965 feierte die Stadt Leipzig ihr 800-jähriges Bestehen. Nur 50 Jahre später folgte das Jubiläum „1000 Jahre Leipzig". Wie konnte eine Stadt binnen so kurzer Zeit um 200 Jahre altern?

Im Jahre 1015 begab sich der Meißner Bischof Eido auf eine heikle Mission. Der deutsche Kaiser und der polnische König lagen seit Jahren im Krieg. Nun hatten die Deutschen eine Schlacht verloren. Unter den Gefallenen war Markgraf Gero von Meißen. Eido sollte den Leichnam nach Hause überführen. Die Heimreise führte ihn über Leipzig. So jedenfalls hielt es Bischof Thietmar von Merseburg in einer Chronik fest: Der treffliche Bischof Eido begann, nachdem er mit großen Geschenken aus Polen zurückgekehrt war, zu kränkeln und gab am 20. Dezember in „urbe Lipzi" Christo die gläubige Seele zurück.

Es ist kein älteres Schriftstück bekannt, das die Existenz Leipzigs bezeugt. Thietmars Chroniken liegen in der Sächsischen Landesbibliothek in Dresden. Im lateinischen Originaltext spricht der Bischof von Leipzig als „urbe Lipzi". „Urbs" wurde lange Zeit als „Burg" übersetzt. In der jüngeren Forschung wird diskutiert, ob nicht vielmehr eine befestigte Siedlung gemeint war. Darauf weist auch die archäologische Befundung hin. Das frühe Leipzig wurde durch einen sechs Meter breiten Graben sowie vermutlich durch einen Wall geschützt. In der Siedlung gab es wiederum einen burgähnlichen Bereich.

Wie auch immer: Die älteste bekannte Erwähnung hält unzweifelhaft fest, dass Leipzig nicht erst 1015 gegründet worden ist. „Urbe Lipzi" hat bereits bestanden. Bleibt die Frage, wieso dann 1965 das 800-jährige Bestehen der Stadt gefeiert wurde. Das damalige Erinnern bezog sich auf die Verleihung des Stadtrechts. Jedoch ist auch dieses Jubiläum mit Fragezeichen behaftet. Der Stadtbrief enthält kein Datum. Wir können nur mit gewisser Wahrscheinlichkeit annehmen, dass Markgraf Otto von Meißen ihn 1165 ausgestellt hat.

Leipzig im Jahre 1537. Es gibt keine ältere bekannte Ansicht der Stadt. Dieses Panorama entstand als Schmuckblatt für das Reisetagebuch des Pfalzgrafen Ottheinrich.

Die ältesten Stadtansichten

Noch bis zu Beginn des Jahrtausends galt ein 1547 entstandener Holzschnitt als die älteste Abbildung Leipzigs. Dann aber wurde im Reisetagebuch des Pfalzgrafen Ottheinrich ein zehn Jahre älteres Panorama
entdeckt. Beide Bilder unterscheiden sich fundamental.

Die belagerte Stadt im Jahre 1547

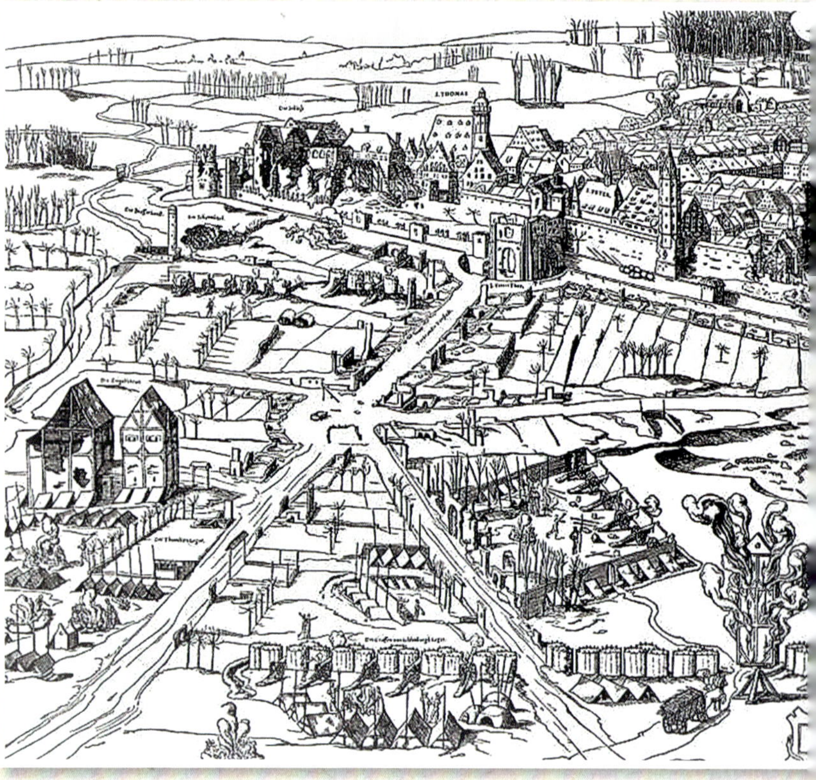

Leipzig verdankt seine zweitälteste bekannte Darstellung einer Belagerung. Im Frühjahr 1547 entstand ein Holzschnitt mit dem Namen „Wahrhaftige abconterfeyung der Stadt Leipzig, wie die nach abbrechung der Vorstede von Hertzog Hans Friedrich zu Sachsen belagert und beschossen ist worden". In unser heutiges Deutsch übersetzt, bedeutet dies: „Wahrhaftes Bild der Stadt Leipzig nach dem Abbruch der Vorstädte sowie der Belagerung und

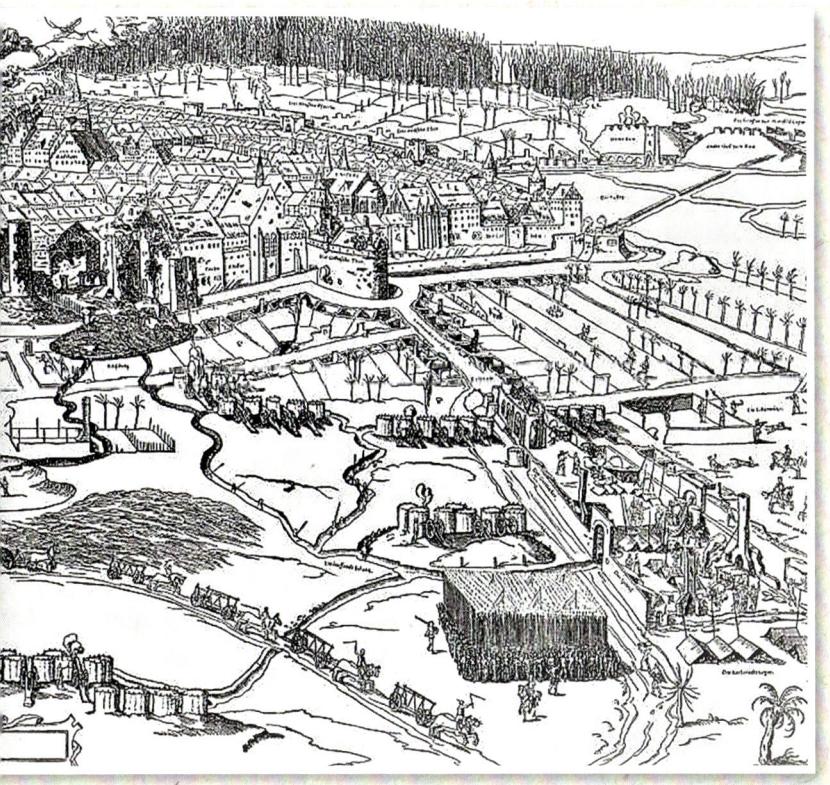

Beschießung durch den sächsischen Herzog Johann Friedrich". Der Holzschnitt führt das Geschehen auf einer Breite von einem Meter vor Augen. Wir blicken aus einer leichten Vogelperspektive von Südosten auf die von einer Mauer umgebene Stadt. Vor ihr sind Truppen aufgezogen, an mehreren Stellen zielen Kanonen auf Leipzig. Am linken Bildrand steht die stark beschädigte Pleißenburg; heute befindet sich hier das Neue Rathaus. Auch der Henkersturm sowie das dahinter befindliche Universitätsviertel sind von der Kanonade stark gezeichnet. Auffallend ist, dass der Stadtmauer keine Viertel mehr vorgelagert sind. Die Verteidiger unter dem Kommando des ebenfalls sächsischen Herzogs Moritz hatten die Vorstadt abgerissen bzw. abgebrannt. Davon erhofften sie sich ein besseres Schussfeld.

Ganz anders wirkt das Bild von 1537. Diese kolorierte Federzeichnung hat eine fast schon liebliche Anmutung. Wir blicken über eine grüne Landschaft. Die vielen Kirch- und anderen Türme Leipzigs stehen vor einem hellblauen Himmel. Der Zeichner stellt uns Leipzig von Nordwesten aus vor, also aus der entgegengesetzten Richtung wie der Verfasser des Holzschnitts.

Die farbige Zeichnung entstammt dem Reisetagebuch des Pfalzgrafen Ottheinrich. Er hatte sich in den Jahren 1536/37 von Neustadt/Donau aus auf eine große Rundreise begeben. Prag, Krakau, Berlin und Leipzig gehörten zu seinen Zielen. Immer mit dabei hatte der Pfalzgraf einen Zeichner, welcher die besuchten Städte in Panoramen festhielt.

Die Ansicht von Leipzig misst 30 mal 61 Zentimeter. Das Blatt entstand allerdings erst nach der Reise. Vor Ort hatte der Künstler lediglich allerlei Skizzen angefertigt. Daraus entstanden dann die mehr oder weniger idealisierten Panoramen. Wer angesichts eines solchen Entstehungsprozesses auf Fotorealismus gehofft hat, wird bereits beim Blick auf den Bildhintergrund auf den Boden der Realitäten zurückgeholt. Hier zeichnet sich ein frei erfundener Gebirgszug ab.

Alles andere als erfunden ist der Ausgang der Belagerung von 1547. Obwohl Leipzig von den Kanonaden schwer getroffen war, widerstand die Stadt. Nach wenigen Wochen zog das feindliche Heer wieder ab.

Ein Schälchen Heeßen

Auch wenn sich Leipzig nicht Kaffeestadt nennt, trifft dieser Beiname vollends zu. Vor mehr als 300 Jahren entdeckten die Leipziger ihre Liebe zum schwarzen Heißgetränk, auch liebevoll als „Schälchen Heeßen" bezeichnet. Aber bevor es ans Lesen der 10 Fragen und Fakten zum Kaffee geht, gilt: Ersdma nän Gaffee!

Seit wann trinken die Leipziger Kaffee?

Wer die erste Tasse wann trank, ist nicht bekannt. Im Jahr 1694 soll erstmals eine größere Lieferung Rohkaffee in Leipzig eingetroffen sein.

Wie ging es in den damaligen Kaffeehäusern zu?

Kaum anders als in anderen Lokalen, also recht gesellig. Bereits 1697 hatte der Rat der Stadt eine Kaffeehaus-Ordnung erlassen. Offenbar bestand akuter Handlungsbedarf. So wurden Würfel- und andere Glücksspiele in Cafés untersagt. Bei Verstößen mussten sowohl die Wirte als auch die Gäste eine Geldstrafe zahlen. 1716 erging neuerlich ein „Rescript wegen der Caffee-Häuser". Diese Verfügung verbot unter anderem „Aufenthalt und Bedienung von Weibs-Personen In Caffee-Hausern [...] bey Zurichtung des Getränckes und dessen Auftragen".

Ist der „Coffe Baum" das älteste Café Leipzigs?

Nein. Das Café „Zum Arabischen Coffe Baum" eröffnete erst 1719. Zu den vorherigen Kaffeehäusern gehörte eines im Messehaus am Markt. Dessen Betreiber war der Hofchocolatier Johann Lehmann. Er heiratete 1716 Johanna Elisabeth Schütze; ihr Vater war Besitzer eines Hauses in der Kleinen Fleischergasse 4. Hier richtete das frischvermählte Ehepaar ein Kaffeehaus ein. Die Eröffnung im Jahre 1719 erlebte Johann Lehmann allerdings nicht mehr. So wurde seine Witwe zur ersten Wirtin des „Coffe Baum".

War die Wirtin des „Coffe Baum" eine Geliebte von August dem Starken?
Das Gerücht hält sich; es wird vor allem vom Hauszeichen des „Coffe Baum"
befeuert. Die barocke Plastik zeigt einen Orientalen, der dem Liebesgott Amor
eine Tasse mit Kaffee reicht. Angeblich soll es sich bei dem Hauszeichen um
ein Geschenk des Königs an die blutjunge Witwe gehandelt haben. Handfeste
Belege dafür gibt es indes nicht.

Das Hauszeichen des „Coffe Baum" in der Kleinen Fleischergasse 4

Musizierte Johann Sebastian Bach wirklich in einem Kaffeehaus?
Ja, jedoch handelte es sich dabei nicht um Auftritte im Stil von Stehgeigern.
Vielmehr gab das von Bach geleitete Collegium musicum im Zimmermann'schen
Kaffeehaus zahlreiche klassische Konzerte. Zum Gebäude gehörte ein großer
Saal für etwa 150 Zuhörer. Das Kaffeehaus befand sich in der Katharinenstraße.
Das Haus wurde am 4. Dezember 1943 bei dem schwersten Luftangriff auf
Leipzig zerstört.

Woher stammt die Redewendung „Ei! wie schmeckt der Coffee süße"?
So heißt eine Arie aus Bachs Kaffeekantate. Die 1734 in Leipzig entstandene
Komposition erzählt von einem Vater-Tochter-Konflikt. Er möchte ihr den
Kaffeegenuss verbieten. Er droht ihr, dass sie ansonsten nie heiraten dürfe.
Sie willigt ein. Zugleich lässt Liesgen mögliche Bewerber wissen, dass sie nur

einen Mann akzeptieren werde, der ihr den Kaffee wieder erlaubt. Der Text der Kantate stammt von dem in Leipzig lebenden Christian Friedrich Henrici.

Woher kommt der Ausdruck Kaffeesachsen?
Der Legende nach geht der Begriff auf die Zeit des Siebenjährigen Krieges (1756–1763) zurück. Die Preußen besetzten Sachsen und damit auch Leipzig. Sächsische Truppen wurden daraufhin in preußische Dienste gepresst. Angeblich desertierten schon bald viele Soldaten allein deshalb, weil sie nicht mehr mit Kaffee versorgt worden waren. „Ohne Gaffee gönn mer nich gämpfn!" Die Preußen sprachen daraufhin verächtlich von Kaffeesachsen. Stimmt diese Geschichte? Oder ist's doch nur Kaffeeklatsch?

Woraus trank Napoleon nach der verlorenen Völkerschlacht seinen Kaffee?
Der Franzose griff zu einer reich vergoldeten Porzellantasse. Sie war mit einem schlafenden Amor bemalt worden. Das Stück hat in der Sammlung des Stadtgeschichtlichen Museums die Zeiten überdauert. Zur Tasse gehört ein alter, handbeschrifteter Zettel mit der Notiz: „Aus dieser Tasse trank Kaiser Napoleon I. auf der Flucht von Leipzig am 19. Oct. 1813 in der Elstermühle zu Lindenau I. Stock. Aus dem Besitz der Frau Heintze."

Was ist Bliemchengaffee?
Gemeint ist Blümchenkaffee. Er ist so dünn, dass selbst bei einer vollen Tasse die auf deren Boden gemalten Blumen gut erkennbar sind. Derartige Verzierungen des Porzellans waren in früheren Zeiten üblich. Der Begriff Blümchenkaffee wird auch im übertragenen Wortsinn verwendet. Er steht für Geiz.

Wie viele Treffer ergibt eine Internet-Suche mit der Wortkombination „Leipzig Café"!
Etwa 75 Millionen.

Zuckersüße Alternative

Man nehme einen Mürbeteig, fülle diesen mit etwas Marzipanmasse sowie Konfitüre in ein Rosetten-Förmchen, setze darauf zwei überkreuzte Teigstreifen, backe alles gut durch – und fertig ist die Leipziger Lerche. Natürlich handelt es sich bei dieser Spezialität um ein Gebäck. Und doch gibt es ein Aber ...

Noch immer verliert sich im Dunkel der Geschichte, welcher Bäcker die Rezeptur der Leipziger Lerche erfunden hat. Dafür aber scheint es zumindest um das Warum kein Rätselraten zu geben. Das Törtchen ersetzte im 19. Jahrhundert einen gänzlich anderen Gaumenschmaus, die Pastete. Sie trug nicht nur den Namen Lerche, sie bestand vor allem aus Lerche.

So zumindest erzählen es sich die Alteingesessenen. Und ihre Geschichte geht so: Bis ins 19. Jahrhundert hinein war der Vogelfang rund um Leipzig weit verbreitet. Hunderttausende Singvögel gingen in jeder Saison auf die ausgelegten Leimruten oder verfingen sich in Netzen. Vor allem auf Feldlerchen hatten es die Fänger abgesehen. Die kleinen Vögel galten als besonders schmackhaft.

Wie aber wurden Lerchen zubereitet? Gleich mehrere Antworten lassen sich finden im „Leipziger Koch-Buch, worinnen zu sehen, was man so wohl auff seinen Täglichen Tisch, als auch bey Gastereyen und Hochzeiten Gutes und Delicates aufftragen kann". Das Rezept stammt aus dem Jahre 1706. Demzufolge wurden die Vögel mit einer feinen Masse aus Speck und Hühnerleber gefüllt sowie in einer Pfanne gebrutzelt. Abgeschmeckt mit Salbei und übergossen mit Butter, kamen sie auf den Tisch. Aber auch als Füllung von Pasteten waren Lerchen beliebt.

In der zweiten Hälfte des 19. Jahrhunderts artikulierte sich verstärkt öffentlicher Protest gegen das massenhafte Abschlachten der zarten Singvögel. Im Mai 1876 erreichte das Thema auch den Landtag des Königreichs Sachsen.

Im Sitzungsprotokoll ist unter anderem dieser bemerkenswerte Satz eines Abgeordneten zu lesen: „Ich habe es immer wie einen Schmutzfleck auf dem Namen Leipzigs empfunden, wenn von Leipziger Lerchen gesprochen wurde." Schlussendlich stimmten die Abgeordneten einheitlich dafür, den Fang dieser Vögel zu verbieten.

Die heutige Leipziger Lerche erinnert nicht nur dem Namen nach an die einstige Speise. Auf dem Törtchen liegen gekreuzte Streifen aus Teig. Sie ahmen jene Schnüre nach, die die gefüllten Vögel einst beim Braten zusammenhielten.

176 **Von allerhand Gebratenen.**

det/ so binde die Forme zu/ und lege sie hinein ; laß sie eine Weile kochen/ dann nimm es heraus/ stecke es an einen Spieß / brate es / und begieße es mit Butter.

CCCLV. Tauben gefüllet zu braten.

Mache die Tauben rein wie sonsten / räume sie ; dann nimm die Magen und Lebern/ hacke sie klein/ auch ein wenig Kalbs-Leber darunter. Thue es in eine Schüssel/darzu geriebene Semmel/Ingber/Pfeffer/Nelcken/ ein wenig zerlassene Butter/ und ein paar Eyer-Dotter / mit ein wenig Milch. Fülle es dann in die Tauben / brate sie an einem Spieße fein gelbicht.

CCCLVI. Tauben gespickt.

Lege die Tauben eine Nacht in Eßig/ laß ihnen Kopff und Füsse. Dann spicke sie fein niedlich/ speilere die Beine hinauff/ den Kopff forn an die Brust. Du kanst sie auch mit ein wenig Nelcken und Zimmet bestecken/ fein safftig braten/ und mit Butter begiessen.

CCCLVII. Lerchen gefüllet.

Wenn die Lerchen gerupfft / so blase sie an dem Halse mit einem Feder-Kiel auff/ nimm frischen Speck / Hüner-Lebern/ Ingber/ Pfeffer/ Muscaten-Blumen/ ein wenig Saltz/ hacke es unter einander / thue Butter in einem Pfännlein zum Feuer / rühre die Fülle darein/ nebst einem Eyer-Dotter. Siehe daß die Fülle nicht zu dicke werde. Thue es bey dem Halse durch ein klein Trich-

Lerchen-Rezept aus dem Leipziger Kochbuch von 1706

Leipziger Lerchen, wie wir sie heute kennen

10 namhafte Leipziger

Die Liste jener Persönlichkeiten, die in Leipzig gelebt und gewirkt haben, ist lang. Nicht jede aber war auch Tochter oder Sohn der Stadt. Wir stellen stellvertretend zehn gebürtige Leipziger vor.

Gottfried Wilhelm Leibniz (1646–1716)

Wieso gibt es Leid auf Erden, wenn doch Gott, der große Weltenlenker, gut ist? Leibniz fand auf diese immer wieder gestellte Frage eine verblüffende Antwort. Es gebe verschiedene Möglichkeiten, eine Welt zu erschaffen. Gott habe sich für eine dieser Möglichkeiten entschieden, für die beste. 1714 legte er diese Gedanken in einem 90 Paragrafen umfassenden Werk dar.

Leibniz gilt als einer der letzten Universalgelehrten. Er war Philosoph, Mathematiker und Jurist. Er entwarf Pläne für einen Ägypten-Feldzug, er forschte zu U-Booten und entwarf eine Rechenmaschine. Er beriet Könige, den Kaiser und den Zaren. Er war Präsident der Königlich Preußischen Akademie der Wissenschaften. In Leipzig hatte er die Nikolaischule besucht. Als 20-Jähriger wollte Leibniz an der Leipziger Universität als Jurist promovieren. Die Uni lehnte ihn als zu jung ab; er verließ daraufhin seine Heimatstadt.

Auf dem Uni-Gelände steht Leibniz' Denkmal.

Richard Wagner (1813–1883)

Das Geburtshaus des Komponisten befand sich am Brühl; es ist bereits im 19. Jahrhundert abgerissen worden. Wagner besuchte die Nikolai- und die Thomasschule. Ab 1831 studierte er Musik an der Universität Leipzig. Eine erste Oper entstand. Von nun an zog es den Komponisten beständig an neue Wirkungsstätten, unter anderem nach Riga, Königsberg und Paris. 1843 wurde er zum Königlich-Sächsischen Kapellmeister in Dresden ernannt.

Wagner-Denkmal am Matthäikirchhof

Als Beteiligter am Maiaufstand von 1849 wurde Wagner steckbrieflich gesucht. Er ging ins Exil. Erst 1862 wurde er amnestiert. Im gleichen Jahr gab Wagner erstmals wieder ein Konzert in seiner Heimatstadt.

Max Klinger (1857–1920)

Der Leipziger war einer der maßgeblichen deutschen Bildhauer und Maler des ausgehenden 19. Jahrhunderts. Er wird gern als deutscher Auguste Rodin bezeichnet; mit dem Franzosen war Klinger auch persönlich eng verbunden. Kindheit und Jugend hatte Max Klinger in Leipzig verbracht. Künstlerische Ausbildung und erste Berufsjahre führten ihn nach Berlin, Paris und München, zudem reiste Klinger sehr viel. 1897 übernahm er eine Professur an der Leipziger Akademie (die heutige Hochschule für Grafik und Buchkunst). Klingers Geburtshaus in der Petersstraße wurde im 19. Jahrhundert durch einen Neubau ersetzt, das Klingerhaus. Das Museum der bildenden Künste besitzt viele seiner Werke.

Max Beckmann (1884–1950)

1938 malte der aus Deutschland emigrierte Künstler die „Hölle der Vögel". Das Bild zeigt gequälte Körper von Menschen und Vögeln. Es gilt als das deutsche „Guernica" und damit als eine Allegorie auf den Nationalsozialismus. 2017 wurde das Gemälde bei Christie's für 40,8 Millionen Euro versteigert. Nie zuvor war für ein Werk des deutschen Expressionismus mehr gezahlt worden. Beckmann hatte die ersten elf Lebensjahre in Leipzig verbracht. Er war Schüler des Königlichen Gymnasiums. Der Schulbau wurde im Zweiten Weltkrieg zerstört. Heute befindet sich hier das Parkhaus des Zoos.

Das Leipziger Museum der bildenden Künste verfügt über 360 Grafiken und mehrere Gemälde des Künstlers. Das Museum hat einen repräsentativen Beckmann-Saal eingerichtet.

Walter Ulbricht (1893–1973)

„Das Ding muss weg!" Hat der mächtigste Mann der DDR diesen Satz wirklich so gesagt? Es ist nicht ganz klar. Fest steht aber zweifelsohne, dass es Walter Ulbrichts Herzenswunsch war, dass die Universitätskirche in seiner Geburtsstadt Leipzig abgerissen wird. 1968 wurde die Paulinerkirche gesprengt.

Walter Ulbricht auf einer Briefmarke der DDR

Ulbricht wuchs als Kind einer Arbeiterfamilie auf. Diese lebte in der Gottschedstraße. Bereits vor dem Ersten Weltkrieg engagierte sich Ulbricht politisch, zunächst in der Leipziger SPD. In der Weimarer Republik war er sächsischer Landtagsabgeordneter mit Mandat der KPD. 1950 wurde er Generalsekretär der SED. Zwei Jahre später rief Walter Ulbricht den Aufbau des Sozialismus aus.

1990 erkannte ihm Leipzig die 1958 verliehene Ehrenbürgerschaft ab.

Hanns Eisler (1898–1962)

„Auferstanden aus Ruinen und der Zukunft zugewandt." Mit diesem Vers beginnt die Nationalhymne der DDR. Der seit den frühen 70er-Jahren offiziell nicht mehr gesungene Text stammt von Johannes R. Becher, die Melodie von Hanns Eisler.

Der Komponist war in Leipzig als Sohn einer österreichischen Familie geboren worden. Drei Jahre später zog sie wieder nach Wien. In den 1920er-Jahren ging Eisler nach Berlin. Er wurde zu einem der Protagonisten einer neuen proletarischen Musik, insbesondere mit der Arbeitersängerbewegung. Während seiner Emigration arbeitete Eisler in Hollywood. Zweimal wurden seine Filmmusiken für den Oscar nominiert. Eisler blieb zeitlebens österreichischer Staatsbürger.

Bruno Apitz (1900–1979)

Seinen Roman „Nackt unter Wölfen" kannte in der DDR nahezu jedes Schulkind. Er wurde zweimal verfilmt, im Jahr 1963 und 2015. In dem Roman erzählt Apitz die letzten Wochen des Konzentrationslagers Buchenwald. Die von ihm beschriebene Selbstbefreiung der Häftlinge, selbstredend unter Führung von Kommunisten, wurde zu einem Gründungsmythos der DDR.

Apitz hatte sich aktiv an der Novemberrevolution 1918 in Leipzig beteiligt.

Er war Mitglied der SPD, später der KPD. In den 1920er-Jahren veröffentlichte er seine ersten Gedichte, Erzählungen und Theaterstücke. Apitz stand in Leipzig dem Bund proletarisch-revolutionärer Schriftsteller vor. Nach dem Krieg arbeitete er als Journalist und Schriftsteller.

Bruno Apitz wurde 1975 zum Ehrenbürger Leipzigs ernannt.

Bruno Apitz (rechts) und Frank Beyer (links) bei Dreharbeiten zum DEFA-Film „Nackt unter Wölfen" am 16. August 1962. In der Mitte der Schauspieler Herbert Köfer

Uschi Brüning (1947)

„Selbstzweifel gehören bis ans Lebensende zum Leben. Ohne sie wären meine Kunst und meine Lieder nicht dieselben", erzählte Uschi Brüning 2019 in einem Interview. In einem besteht hingegen kaum ein Zweifel: Die Leipzigerin ist eine der Großen des deutschen Jazz und Soul.

1960 hatte sie als Jugendliche ihren ersten Auftritt, sie sang Connie Francis' Schlager „Die Liebe ist ein seltsames Spiel". In den frühen 1970er-Jahren nahm Uschi Brüning ihre Profikarriere auf. Schon bald trat sie mit Manfred Krug sowie dem Günther-Fischer-Quintett auf. 40 Jahre später begann sie wieder mit Krug zu arbeiten. Für ihr Album „Auserwählt" erhielten sie den German Jazz Award in Platin.

Kristin Otto (1966)

Sechs Olympiasiege, sieben Weltmeistertitel, dazu viele andere Siege – Kristin Otto ist eine der erfolgreichsten Schwimmerinnen aller Zeiten. Eventuelle weitere Medaillen verhinderte der Olympiaboykott der DDR von 1984. Wie viele andere Sportler war sie nach der Wende des Dopings bezichtigt worden. Kristin Otto erklärte daraufhin, wissentlich keine leistungssteigernden Substanzen eingenommen zu haben. Ihre Karriere hatte sie beim Sportclub der Deutschen Hochschule für Körperkultur (DHfK) begonnen.

Bill Kaulitz (1989)

Ältere Menschen wissen mit seinem Namen wenig anzufangen, jüngere bekommen indes glänzende Augen. Bill Kaulitz wurde mit dem Lied „Durch den Monsun" im Jahr 2005 zum Idol seiner Generation. Er und sein Zwillingsbruder Tom waren die maßgeblichen Gründer der Band Tokio Hotel. In Leipzig hatten beide bis zum Alter von sechs Jahren gelebt. Dann zog die Familie nach Magdeburg. Für Schlagzeilen sorgte Tom Kaulitz 2019. Er heiratete das 16 Jahre ältere Mannequin Heidi Klum. Für sie war dies die dritte Eheschließung.

Die Zwillinge Tom (l.) und Bill von der Band Tokio Hotel bei der Gala des 50-jährigen Bestehens der Jugendzeitschrift „Bravo" in Hamburg, 2006

Der Geldeintreiber des Papstes

Es gibt Supermärkte, die küren beständig ihre Verkäufer des Monats. Hätte es diese Bestenlisten bereits zu Beginn des 16. Jahrhunderts gegeben, wäre einem Mönch aus Leipzig der Spitzenplatz nicht zu nehmen gewesen.

Das Verkaufstalent des Johann Tetzel war groß. Erschreckend groß sogar, wenn man bedenkt, dass er eine ziemlich vergängliche Ware angeboten hatte: das Seelenheil. „Wenn das Geld im Kasten klingt, die Seele aus dem Feuer springt", so lautete Tetzels Versprechen. Tatsächlich kauften Abertausende Sünder seine Ablassbriefe. Die vom Papst protegierten Zettel sollten sie vor der Strafe des Fegefeuers bewahren.

Dann aber kam im Jahre 1517 ein Verbraucherberater daher, ein gewisser Luther. 95 Thesen wider den Ablasshandel nagelte dieser Mönch an die Wittenberger Schlosskirche. Dazu gehörte auch dieser Satz: „Wer wirklich bereut, hat Anspruch auf völlige Vergebung – auch ohne bezahlten Ablassbrief." Dieser Moment gilt nicht nur als die Geburtsstunde der Reformation. Er leitete zugleich das Ende des Ablasshandels ein.

Tetzel hatte 1482 ein Theologiestudium in Leipzig aufgenommen. Er schrieb sich ein als Johannes Tezelius de Lipsia. 1489 trat er ins Leipziger Dominikanerkloster ein. Schon bald wurde der Mönch zum maßgeblichen Ablassprediger in Mitteldeutschland. Die von ihm vereinnahmten Summen flossen zu großen Teilen nach Rom. Sie sollten sowohl den Bau des Petersdoms mitfinanzieren als auch den sich abzeichnenden Krieg gegen das Osmanische Reich.

Johann Tetzel starb 1519 in Leipzig an der Pest. Er wurde in der damals noch zum Kloster gehörenden Kirche St. Pauli bestattet. 26 Jahre später besuchte sein einstiger Gegenspieler ebendieses Gotteshaus. Luther kam freilich nicht wegen Tetzel. Ihm stand Höheres im Sinn. Er weihte St. Pauli als protestantische Universitätskirche.

10 Fakten über Bach

Wer ist der weltweit berühmteste Leipziger? Eigentlich kommt nur jener Mann infrage, über den der Komponist Beethoven sagte: „Nicht Bach, Meer sollte er heißen." Johann Sebastian Bach wurde zwar nicht in Leipzig geboren. Doch nirgends wirkte er länger: 27 Jahre.

Warum weisen Lexika zwei Bach-Geburtstage aus?

Bach wurde am 21. März 1685 geboren. Menschen, denen Formalien wichtiger sind als das wahre Leben, feiern seinen Geburtstag jedoch erst am 31. März. Schuld ist die Ablösung des julianischen durch den bis heute gültigen gregorianischen Kalender. Diese Reform vollzog Bachs Heimatort Eisenach im Jahre 1700. Sie machte ihn theoretisch um zehn Tage jünger. Ihn selbst kümmerte das nur wenig: Er gab weiterhin den 21. März als sein Geburtsdatum an. Um beiden Kalendern gerecht zu werden, vermerken Lexika für Bach zwei Geburtstage.

War Bach in Leipzig nur dritte Wahl?

Tatsächlich wollte der Stadtrat zunächst Georg Philipp Telemann als neuen Thomaskantor verpflichten. Allerdings konnte ihn sein bisheriger Arbeitgeber in Hamburg durch eine Lohnerhöhung zum Bleiben bewegen. Daraufhin versuchte Leipzig, den Darmstädter Hofkapellmeister Johann Christoph Graupner zu verpflichten. Sein Dienstherr gab ihn nicht frei. Nun erst kam Bach ins Spiel. 1723 trat er die Stelle des Thomaskantors an.

Was ist eigentlich ein Thomaskantor?

Er ist der musikalische Leiter der Thomasschule und damit des Thomanerchors. Die Schule entstand als Klosterschule; ihre Geschichte ist untrennbar mit der Thomaskirche verbunden. Als Thomaskantor war Bach zugleich für die Kirchenmusik in Leipzig verantwortlich. Zeitlebens komponierte er etwa 300 Kantaten zur Aufführung während Gottesdiensten, die meisten davon in Leipzig.

Wo in Leipzig wohnte Bach?

Die Kantorenwohnung befand sich in der alten Thomasschule. Das Gebäude stand unmittelbar an der Thomaskirche. Es wurde eingangs des 20. Jahrhunderts abgerissen.

Was stellt Bachs Siegel dar?

Auf den ersten Blick wirkt das Siegel einfach nur verschnörkelt. Wer genauer hinsieht, entdeckt die drei Buchstaben JSB in normaler sowie in gespiegelter Schrift. Bach nutzte dieses Siegel ab 1720, vor allem also in seiner Leipziger Zeit.

Briefmarke mit Bach-Siegel, 1950

Welches Werk ist Bachs berühmtestes?

„Jauchzet, frohlocket! Auf, preiset die Tage" – wenn ein Chor diese Zeilen anstimmt, dann sind die Zuhörer sogleich mittendrin im Geschehen. Es tönen die Pauken und erschallen die Trompeten. Bachs Weihnachtsoratorium ist seit gut 300 Jahren ein Inbegriff weihnachtlicher Musik. Zur Jahreswende 1734/35 wurde es erstmals in Leipzig aufgeführt.

Jeden Dezember gibt es zahlreiche Aufführungen. Dann hören wir aber meist nur Auszüge. Die Originalfassung besteht aus sechs umfänglichen Teilen. Sie sollten nach Bachs Intention an sechs Tagen zwischen Heiligabend und dem Dreikönigstag (6. Januar) aufgeführt werden.

Ist das Weihnachtsoratorium wirklich das berühmteste Bach-Werk? Sagen wir es mal so: Es befindet sich in bester Gesellschaft mit der Matthäus-Passion, der Kunst der Fuge und den Brandenburgischen Konzerten.

Woran starb Bach?

Der Komponist litt an schwachen Augen. Im Frühling des Jahres 1750 begab er sich in die Hände eines angeblichen Wundermediziners. John Taylor operierte ihn in Leipzig zweimal an den Augen. Bachs Sohn Carl Philipp Emanuel überlieferte, dass die OPs nicht gut verlaufen seien und es dem Vater fortan immer schlechter gehe. Schließlich erlitt er auch noch einen Schlaganfall. Der Komponist starb am 28. Juli 1750 im Alter von 65 Jahren in Leipzig. Inwieweit die missglückten Augenoperationen ursächlich für seinen Tod waren, bleibt vermutlich für immer ungeklärt.

Sind die Gebeine echt?

Immer mal wieder kommen Zweifel auf, ob in der Thomaskirche tatsächlich der echte Bach sein Grab gefunden hat. Ursprünglich war der Komponist 1750 auf dem Johannisfriedhof bestattet worden. 144 Jahre später grub man sein Skelett sowie die sterblichen Überreste weiterer Personen wieder aus. Ein Anatom identifizierte den Komponisten im Rahmen der damaligen wissenschaftlichen Möglichkeiten. Diese Gebeine wurden in der Johanniskirche beigesetzt. 1950 erfolgte eine erneute Umbettung, nun in die Thomaskirche. Gewissheit über die Echtheit der Gebeine könnte ein moderner DNA-Test bringen. Ein solcher Test wurde vor einigen Jahren bereits in Weimar an zwei angeblichen Schiller-Schädeln vorgenommen. Dabei stellte sich heraus: Keiner dieser Köpfe stammte von dem Dichter.

Gibt es Bach auch als Briefmarke?

Ja, sogar in vielen Ländern. Die überhaupt erste Bach-Marke erschien im Rahmen der 1926/27 aufgelegten Serie „Berühmte Deutsche". Die Deutsche Reichspost stellte neun Persönlichkeiten auf 13 Marken vor. Goethe ist immerhin dreimal zu sehen, Schiller und Beethoven jeweils zweimal. Die damalige Bach-Briefmarke hat einen Nominalwert von 0,50 Reichsmark. Heute ist sie im Bestzustand rund 100 Euro wert.

Die erste Bach-Briefmarke aller Zeiten

Stimmt es, dass es in Leipzig zwei Bachdenkmale gibt?

Das stimmt, beide stehen sogar unweit voneinander entfernt. 1843 wurde ein säulenartiges Denkmal in der Grünanlage am Dittrichring eingeweiht. Es zeigt mehrere Engel sowie Bach als Büste. 1908 wurde vor der Thomaskirche als zweites Bachdenkmal eine überlebensgroße Skulptur enthüllt.

Links: Das Bachdenkmal vor der Thomaskirche, zuvor stand hier Leibniz.

Die Könige des „a cappella"

Wer ist Leipzigs bekannteste Musikgruppe? Natürlich kann nur der Thomanerchor gemeint sein. Oder sind es vielleicht doch die Prinzen? Wir müssen uns nicht wirklich entscheiden. Schließlich haben vier der Prinzen in dem berühmten Knabenchor das Singen erlernt.

Gabi ist einsam, sie sehnt sich nach Klaus. Klaus möchte von ihr nichts mehr wissen, besinnt sich dann aber doch anders. Nun ist es Gabi, die ihm die kalte Schulter zeigt. „Das Leben ist grausam und schrecklich gemein", singen daraufhin die Prinzen. Der erste Teil der Liedzeile ist zugleich der Titel ihres ersten Albums; es erschien 1991. Wenn heutzutage das Lied von Gabi und Klaus im Radio läuft, singen viele Menschen noch immer spontan mit. Auch Liedzeilen wie „Ich wär so gerne Millionär" und „Jeder Popel fährt 'nen Opel" haben längst Eingang gefunden in den Sprachschatz der Deutschen. Ausgefeilte Wortspiele, mehrstimmig vorgetragen, sind das Markenzeichen der Band. Sie hat wie keine andere Gruppe den A-cappella-Gesang ins Zeitalter des Pop transferiert. Angesichts ihrer Ausbildung muss dies freilich kaum wundern. Vier der sieben Musiker sind ausgebildete Thomaner, einer sang im nicht minder berühmten Dresdener Kreuzchor. Rückblickend sagt Sebastian Krumbiegel über die Zeit bei den Thomanern: „Wir waren damals die Rebellen, die bunten Vögel." Wohl auch deshalb zog es ihn und Tobias Künzel zunächst in ein anderes Genre. Künzel: „Wir wollten richtige Rockmusik machen, wir wollten ausbrechen aus dem Gesang." Erst über den Umweg klassischer Bands fanden die Prinzen zurück zu „a cappella". Allerdings, auf eins legen sie großen Wert: Ihre Lieder müssen Groove haben. Die Zuhörer sollen also nicht allein durch Texte mitgerissen werden, sondern ebenso durch Rhythmus, Tempo und Spannung.
Ihren Wurzeln bleiben die Prinzen selbstverständlich treu. „Wir trällern noch immer gern in die klassische Richtung", sagt Jens Sembdner. Dass nach ihm die Semperoper benannt wurde, ist übrigens wirklich nur ein Gerücht.

10 Geschichten zur Völkerschlacht

Im Oktober 1813 erlebte Leipzig das bis dahin größte Gemetzel der Menschheitsgeschichte. Rund 600.000 Soldaten kämpften in der Völkerschlacht. Etwa jeder Sechste starb auf dem Schlachtfeld oder erlag in den Folgetagen seinen Verwundungen.

Was passierte zuvor?

Ende des Jahres 1812 wurde Napoleon von seinem legendären Kriegsglück verlassen. Erst mussten seine Truppen eine verheerende Niederlage im Russland-Feldzug einstecken. Dann verbündete sich auch noch das zuvor an Frankreich gebundene Preußen mit Russland.

Mehrere Schlachten eröffneten das erste Jahr der sogenannten Befreiungskriege. Mal siegten die einen, mal die anderen, nahezu immer trugen beide Seiten große Verluste davon. Schließlich wechselte im August 1813 auch Österreich auf die Seite der antinapoleonischen Koalition.

Warum gerade Leipzig?

Mitteldeutschland war seit August 1813 der Hauptschauplatz des Kriegs. In Dresden kam es zu einer zweitägigen Schlacht, mehrere Gefechte folgten. Immer mehr zeichnete sich ab, dass alle Seiten auf eine Entscheidungsschlacht drängten. Napoleon sammelte sein Heer bei Leipzig. Die Alliierten marschierten mit drei Armeen an. Aus dem Südosten rückte die Böhmische Armee heran, von Norden die Schlesische Armee sowie die Nordarmee.

Wer stand sich gegenüber?

Soldaten aus etwa 20 Nationen kämpften bei Leipzig. Aufseiten der Franzosen waren dies vor allem Deutsche, Polen, Italiener, Niederländer, Schweizer und Kroaten. Zu den Alliierten gehörten Deutsche, Österreicher, Schweden, Engländer, Tschechen, Ungarn, Briten sowie Russen verschiedener nationaler Herkunft.

Nachgestellte Szene der Völkerschlacht

Auf welcher Seite kämpften die Sachsen?

Auf beiden. Die Königlich Sächsische Armee war Napoleon verpflichtet. Am letzten Tag der dreitägigen Völkerschlacht liefen große Truppenteile zu den Alliierten über. Seitdem hat sich in Frankreich eine Redensart für Abtrünnige eingebürgert: „Das ist ein Sachse" („C'est un Saxon").

Wer gab den ersten Schuss ab?

Wer es genau war, das verliert sich im Dunkel der Geschichte. Bereits am 14. Oktober, also zwei Tage vor der Schlacht, kam es bei Liebertwolkwitz zu einem ersten Gefecht. Eigentlich hatten die Alliierten lediglich den Frontverlauf und die Kräfteverhältnisse ihres Gegners gewaltsam aufklären wollen. Schließlich prallten etwa 15.000 Reiter aufeinander, mehr als je zuvor in diesem Krieg. Landgewinne konnte keine Seite erreichen. Jedoch büßte die französische Kavallerie stark an Kräften ein.

Die eigentliche Völkerschlacht begann am 16. Oktober mit einer Kanonade der Alliierten südlich von Leipzig.

Wie lange währte die Schlacht?

Vom 16. bis zum 18. Oktober 1813. In der folgenden Nacht traten Napoleons Truppen den Rückzug an. Die Alliierten besetzten am Vormittag des 19. Oktober die Stadt Leipzig.

Wurden wirklich Raketen abgefeuert?

Ja, durch eine kleine Spezialeinheit der Briten. Sie setzten Congreve'sche Raketen ein, welche nach deren Entwickler benannt waren. Diese Raketen ähneln mit ihren hölzernen Stabilisierungsstreben heutigen Silvesterraketen, trugen aber bis zu 8 Kilogramm schwere Gefechtsköpfe. Ihr Einsatz hatte nicht nur einen unmittelbaren Effekt am Einschlagsort. Die aus mehr als zwei Kilometer Entfernung sowie mit einem Feuerschweif heransausenden Geschosse übten eine starke psychologische Wirkung auf die Gegner aus. Entscheidend für den Gesamtausgang der Schlacht waren die Raketen jedoch nicht.

Warum sprengten die Franzosen die Elsterbrücke?

Eigentlich sollte die Sprengung den Rückzug aus Leipzig absichern. Allerdings erfolgte sie viel zu früh. Noch waren Tausende der eigenen Leute in der Stadt. Daraufhin kam es zu chaotischen Situationen. Zahlreiche Soldaten starben im Gedränge oder kamen im Fluss um. Das prominenteste Opfer war der polnische Marschall Poniatowski. Der Befehlshaber der Nachhut ertrank beim Versuch, die Weiße Elster auf dem Pferd zu überqueren.

Welche Folgen hatte die Schlacht für Leipzig?

Die Stadt nahm etwa 30.000 Verwundete auf, was eine Verdopplung der Einwohnerzahl bedeutete. In Kirchen wurden Lazarette eingerichtet. Es fehlte an Ärzten, an Verbandsmaterial, an Medikamenten. Sehr viele Verletzte starben. Typhus brach aus und forderte Opfer unter der Bevölkerung. Auch die Sachschäden in der Stadt und in ihrem Umland waren enorm.

Wie ging der Krieg weiter?

Napoleon musste sich aus Deutschland zurückziehen. Im März 1814 nahmen die Alliierten Paris ein. Napoleon dankte ab.

Ein Jahr später riss der Franzose erneut die Macht an sich. Er wurde 1815 in Waterloo endgültig besiegt.

Für Sachsen zog die Völkerschlacht harte Konsequenzen nach sich. Als Verbündeter Napoleons wurde der sächsische König am 19. Oktober 1813 in Leipzig verhaftet. Zwei Jahre später musste er als Kriegsverlierer mehr als die Hälfte seines Territoriums an Preußen abtreten. Leipzig durfte sächsisch bleiben.

Nach der Schlacht von Leipzig konnte sich Napoleon kein halbes Jahr mehr als Kaiser halten. Diese Büste entstand nach einem Entwurf von Antoine-Denis Chaudet.

Alles nur Naturstein?

Wer deutschen Gigantismus erleben möchte, ist am Völkerschlachtdenkmal richtig aufgehoben. 91 Meter türmen sich die Granitblöcke empor. Mehr als 250 Millionen Jahre ist das natürliche Gestein alt. Doch der Anblick täuscht: Das Denkmal besteht vor allem aus einem künstlichen Material.

In der Völkerschlacht biss Napoleon sinnbildlich auf Granit. Der Entschlossenheit der Alliierten hatte er letztlich nichts entgegenzusetzen. Da lag es ein Jahrhundert später nahe, beim Bau des Völkerschlachtdenkmals auf ein entsprechendes Baumaterial zu setzen. Es sollte von ebensolcher Härte sein wie die vereinten Armeen der Russen, Preußen und Österreicher. Vor den Toren Leipzigs, in Beucha, stand ein solches Gestein zur Verfügung. Hier wurde Granitporphyr gewonnen.

Immerhin 26.500 Gesteinsblöcke wurden beim Bau des Völkerschlachtdenkmals genutzt. Sie prägen dessen Wahrnehmung bis heute. Doch unter der Schale aus Naturstein verbirgt sich ein gänzlich anderer Kern, ein künstlich hergestelltes Material: Beton.

Während heutzutage das Zement-Kies-Gemisch meist fertig angeliefert wird, stand damals die Mischanlage direkt auf der Baustelle. Für den steten Nachschub an Kies sorgte eine eigens errichtete Seilbahn. Sie begann an einer Kiesgrube in Dösen und führte über den Südfriedhof.

Rund 120.000 Kubikmeter Beton wurden für das Denkmal verbaut. Letztlich liegt sein Anteil bei etwa 90 Prozent der eingesetzten Baustoffe. Mit anderen Worten: Das Völkerschlachtdenkmal ist vor allem ein Betonbauwerk.

Gigantismus auch im Detail: Allein schon die Figur des Erzengels
Michael über dem Eingang ist zehn Meter groß.

Ein Denkmal? Nein, viele!

Das Völkerschlachtdenkmal ist einer der bekanntesten Erinnerungsorte in Deutschland. Jenseits dieses Monuments gibt es in Leipzig mehr als 100 kleinere Denkmale und Gedenksteine an die große Schlacht. Wir stellen eine Auswahl vor.

Die Apelsteine

sind nach dem Leipziger Schriftsteller Theodor Apel benannt. Auf seine Initiative wurden anlässlich des 50. Jubiläums der Schlacht 50 Säulen aufgestellt. Sie markieren den Verlauf der Kämpfe. In die Steine sind die Namen der Kommandeure und fast immer auch die Stärke ihrer Truppen eingemeißelt worden. Die meisten Säulen sind rechteckig, einige ähneln auch Obelisken.

Das Russisch-Preußische Denkmal

liegt etwas außerhalb des Leipziger Stadtgebiets am Rande von Markkleeberg. Der Obelisk markiert den Beginn der Völkerschlacht am Morgen des 16. Oktober 1813. Diese ersten, äußerst verlustreichen Kämpfe werden auch als Schlacht um Wachau bezeichnet. Das angrenzende Areal ist als Flächendenkmal unter Schutz gestellt worden. Seitens der Alliierten kämpften hier vor allem russische und preußische Einheiten.

Dieser Apelstein trägt den Namen des russischen Generalfeldmarschalls Barclay de Tolly, jedoch in falscher Schreibweise.

Der Galgenberg

bei Liebertwolkwitz trug seinen Namen bereits vor der Völkerschlacht. Am ersten Tag der Schlacht befand sich auf dem Hügel Napoleons Kommandostab. Auf der Rückseite des Gedenksteins ist ein Verweis auf die Bibelstelle „Hiob 38,11" angebracht. Wer nachliest, stößt auf diesen Satz: „Bis hierher darfst du und nicht weiter, hier muss sich legen deiner Wogen Stolz." Bekannt wurde der Gedanke auch durch Schiller. In „Die Räuber" heißt es kurz und bündig: „Bis hierher und nicht weiter!"

Der Monarchenhügel

befindet sich in Liebertwolkwitz. Er trägt seinen Namen aufgrund des Zusammentreffens dreier Herrscher: Zar Alexander, Kaiser Franz I. von Österreich und König Friedrich Wilhelm III. von Preußen beobachteten von diesem Hügel aus am 18. Oktober 1813 den Schlachtverlauf. Das eigentliche Denkmal ist ein zwei Meter hoher Obelisk aus Gusseisen.

Der Napoleonstein

steht nur wenige Minuten vom Völkerschlachtdenkmal entfernt. Er markiert den ehemaligen Standort der Quandtschen Tabaksmühle. Daran erinnert auch der Name der vorbeiführenden Straße „An der Tabaksmühle". Hier hatte Napoleon am letzten Tag der Völkerschlacht seinen Befehlsstand eingerichtet. Auf dem aus Granit hergestellten Denkmal ruht eine Nachbildung von Napoleons Hut.

Das Denkmal auf dem Galgenberg steht nahe der Straße. Täglich sausen Tausende an ihm vorbei.

Die Stelle zeigt
Friccius' Büste.

Das Friccius-Denkmal

wurde im Bereich des ehemaligen Grimmaischen Tors errichtet, im heutigen Täubchenweg. Karl Friedrich Friccius war Kommandeur der Königsberger Landwehr. Am Tag nach der Völkerschlacht, als die Flucht der napoleonischen Truppen bereits im Gange war, erstürmte seine Einheit das Stadttor.

Die Russische Gedächtniskirche

ist am 18. Oktober 1913 eingeweiht worden, am selben Tag wie das Völkerschlachtdenkmal. Eine steinerne Tafel erinnert an 22.000 gefallene Angehörige der Russischen Armee sowie an die anderen Opfer der alliierten Truppen. Die Kirche befindet sich in der Philipp-Rosenthal-Straße.

Österreicher-Denkmale

stehen an vier Stellen der Stadt, sie sind weitgehend baugleich. Auf einem Obelisken erhebt sich jeweils ein bronzener Adler mit zwei Köpfen. Der Doppeladler war das Herrschaftssymbol der Monarchie. Auf Bronzeplatten sind jeweils die Befehlshaber und Einheiten der österreichischen Armee benannt, die in der entsprechenden Region in und um Leipzig gekämpft haben. Standorte sind Holzhausen, Kleinzschocher, Lößnig und Paunsdorf.

Rechts: Das Österreicher-Denkmal von
Lößnig steht in einem kleinen Park.

Goethes erste Liebe

Auch wenn das Goethedenkmal allein den Namen des Dichters trägt, erinnert es ebenso an zwei Frauen. Von der einen Seite des Sockels blickt uns Käthchen Schönkopf entgegen. Sie war Goethes erste Romanze. Die andere Seite zeigt eine Jugendfreundin des damaligen Studenten.

„Der glückliche Fortgang meiner Eroberungen machte mich stolz, und wer stolz ist, ist kühn." Im Jahr 1767 schreibt ein Teenager diese Zeilen nieder, ehe er reimend fortfährt: „Da wagt's mein Arm sie zu umschließen. Sie ließ es zu. Da wagt's mein Mund die weiße Brust zu küssen. Sie ließ es zu."
Mit Verlaub, dies ist kein Schweinkram. Dies ist Weltliteratur. Dies ist Goethe. Doch was daran ist Dichtung, was Wahrheit?
Die zitierten Sätze entstammen der Sammlung „Annette". 15 Gedichte gehören dazu und vier Erzählungen. Sie alle entstanden in Leipzig, sie alle erzählen von Goethes Liebe zu Anna Katharina Schönkopf. Als beide sich kennenlernten, war er 16, sie 19 Jahre alt.
Der gebürtige Frankfurter war am 3. Oktober 1765 in Leipzig eingetroffen. Auf Wunsch des Vaters sollte Goethe hier Jura studieren. Der junge Mann nahm schon bald regelmäßig seinen Mittagstisch im Gasthof des Weinhändlers Schönkopf ein. Es dauerte nicht allzu lang, da verliebte er sich in die Tochter der Wirtsleute. Ännchen nannte er sie, mitunter auch Käthchen. Jahrzehnte später, als reifer Mann, erinnerte er sich ihrer so: Sie war „jung, hübsch, munter, liebevoll und so angenehm, daß sie wohl verdiente, in dem Schrein des Herzens eine Zeitlang als eine kleine Heilige aufgestellt zu werden".
Käthchen liebte ihren Goethe offenbar inniglich. Er aber vermochte das junge Glück nicht zu genießen. „Durch unbegründete und abgeschmackte Eifersüchteleien verdarb ich mir und ihr die schönsten Tage. Sie ertrug es eine Zeitlang mit unglaublicher Geduld, die ich grausam genug war aufs Äußerste zu treiben." Als sich Käthchen Schönkopf daraufhin von ihm abwandte, war er es nun, der Qualen litt. Goethe meinte, angesichts des Verlustes zugrunde gehen zu müssen. Dann aber entdeckte er einen rettenden Strohhalm für sich: „das poetische Talent mit seinen Heilkräften". Goethe tat Buße, indem er das

Medaillon der Anna Katharina Schönkopf am Goethedenkmal

zerronnene Liebesglück in einem kleinen Theaterstück verarbeitete. Es heißt „Die Laune des Verliebten". Seine Erstaufführung sollte das Drama aber erst elf Jahre später erfahren. Zu diesem Zeitpunkt war Goethes großer Liebesroman „Die Leiden des jungen Werther" längst erschienen. Dass das Leipziger Käthchen indes das Vorbild der Romanfigur Lotte war, gehört ins Reich der Legenden. Goethe verewigte vielmehr Charlotte Buff, die er 1772 kennengelernt hatte. Eine Parallele zur Leipzigerin gibt es dennoch: Auch Goethes unerfüllte Beziehung zu Charlotte war geprägt von Szenen voller Eifersucht. Wer aber ist die zweite Frau auf dem Goethedenkmal? Wir sehen Friederike Elisabeth Oeser, die Tochter von Goethes Leipziger Zeichenlehrer. In sie war der Student nicht verliebt. Mit ihr war er einfach nur gut befreundet.

Goseanna!

Bier ist Bier und Schnaps ist Schnaps. Ach ja? Mit der Leipziger Gose verhält es sich dann doch etwas anders. Bier und Schnaps kommen mitunter ins selbe Glas. Doch ist die Gose überhaupt ein Bier?

Ob Sonnen- oder Regenschirm: Wahre Leipziger greifen zu beiden auch völlig unabhängig von der Wetterlage. In solchen Momenten blicken sie sich gegenseitig voller Vorfreude an, kreuzen die Gläser und prosten sich mit einem „Goseanna!" zu. Wer zuvor einen Allasch-Kümmellikör ins Gose-Bier gegossen hat, genießt nunmehr einen Regenschirm. Wer die Gose lieber mit Sirup mag, dem schmeckt ein Sonnenschirm. Aber natürlich wird das obergärige Bier auch gern getrunken, wie es ist.

Bei solchen Gelegenheiten kann man trefflich darüber streiten, ob Gose überhaupt ein Bier ist. Strenggläubige kommen zwangsläufig zu einem Nein. Schließlich entspricht dieses Weißbier nicht den Vorgaben des Reinheitsgebots. Gose wird nicht allein aus Hopfen, Malz, Hefe und Wasser gebraut. Sie wird auch leicht gesalzen. Zugleich setzen die Brauer auf Gewürze, etwa auf Koriander, seltener auf Orangenschalen und sogar auf Zimt. Selbst Zapfen der Zirbelkiefer verleihen manch Gose ihren besonderen Geschmack. Obwohl dieses Bier seit Jahrhunderten typisch für Leipzig ist, stammt es nicht von hier. Sein Ursprungsort ist Goslar, das von einem Flüsschen namens Gose durchflossen wird.

Wer noch nie Gose probiert hat, sei vorgewarnt. Das obergärige Bier wirkt sich bei reichhaltigem Genuss mitunter sehr fördernd auf die Verdauung aus.

O Mägdelein, o Tannenbaum

„O Tannenbaum, wie grün sind deine Blätter." Diesen Vers kennt vermutlich jeder Deutsche. Bereits seit mehr als 400 Jahren gibt es verschiedene Versionen des Lieds. Das eigentliche Weihnachtslied schrieb ein Leipziger Musiklehrer.

1824 gab Ernst Anschütz sein erstes „Musikalisches Schulgesangbuch" heraus. Es erschien bei Reclam in Leipzig. Das Buch war ausdrücklich dazu bestimmt, um an der örtlichen Bürgerschule eingesetzt zu werden. Die Melodie eines Liedes, so schrieb Anschütz im Vorwort, sei die Hauptsache, der Text dagegen untergeordnet. Heute wissen wir: Zumindest mit Blick auf jenes Lied, das Anschütz auf den Seiten 134/135 vorstellte, hatte sich der Musiklehrer grandios geirrt. Gerade der von ihm verfasste Tannenbaum-Text war es, welcher dem Lied zu seiner andauernden Popularität verhalf.

Der Melodie war es bis dahin ergangen wie vielen anderen volkstümlichen Weisen. Da sie sehr eingängig ist, wurden immer wieder neue Texte zu ihr geschrieben. Bereits aus dem späten 16. Jahrhundert ist eine Version überliefert, in der es heißt: „O Tanne, du bist ein edler Zweig, du grünest Winter und die liebe Sommerzeit." 1819 entstand ein Liedtext, in der der Sänger die Untreue seiner Geliebten beklagt. „O Mägdelein, o Mägdelein, wie falsch ist dein Gemüte", heißt es da. Ganz anders sei es um die Tanne bestellt: „O Tannenbaum, o Tannenbaum, wie treu sind deine Blätter!"

Ernst Anschütz stammte aus Thüringen. An der Wende zum 19. Jahrhundert studierte er Theologie und Philosophie in Leipzig. Er soll ein ausgezeichneter Musiker gewesen sein; Anschütz spielte mehrere Instrumente. Schon bald nahm er in Leipzig seine erste Stelle als Musiklehrer an. Zwischenzeitlich war er Kantor und Organist. 1824 veröffentlichte Anschütz nicht nur die bis heute nahezu unveränderte Fassung von „O Tannenbaum". Im gleichen Jahr publizierte er auch das Lied „Fuchs, du hast die Gans gestohlen". 1830 folgte in seinem nunmehr dritten Schulgesangbuch das Lied „Es klappert die Mühle am rauschenden Bach".

Ernst Anschütz starb 1861 in Leipzig.

Leipzigs berühmtester Mörder

Tausende Gaffer strömten am 27. August 1824 auf den Marktplatz, um einer Hinrichtung beizuwohnen. Vor dem Alten Rathaus wurde Johann Christian Woyzeck geköpft. Sein Fall inspirierte Georg Büchner zu einem Drama. Es gehört zu den erfolgreichsten der deutschen Theatergeschichte.

Zu den Augenzeugen der Hinrichtung gehörte der Komponist Ernst Anschütz („O Tannenbaum"). In seinem Tagebuch überlieferte er detailliert das Geschehen dieses sehr warmen Tages. 50 gepanzerte Reiter „hielten Ordnung um das Schafott; das Halsgericht wurde auf dem Rathause gehalten. Kurz vor halb 11 Uhr war der Stab gebrochen, dann kam gleich der Delinquent aus dem Rathause [...] Er setzte sich auf den Stuhl und rückte ihn zurecht, und schnell mit großer Geschicklichkeit hieb ihm der Scharfrichter den Kopf ab, so daß er noch auf dem breiten Schwerdte saß, bis der Scharfrichter das Schwerdt wendete und er herabfiel." Schließlich vergaß Anschütz auch nicht zu erwähnen, „daß Vormittags keine Schule war, versteht sich".

Woyzeck wurde 1780 in Leipzig geboren. Er erlernte das Handwerk eines Perückenmachers, ging auf Wanderschaft, wurde Soldat. Er diente in einem holländischen Regiment, verdingte sich bei den Schweden, dann bei den Mecklenburgern und schließlich bei den Preußen. Nach den Befreiungskriegen kehrte Woyzeck heim nach Leipzig. Hier traf er die Stieftochter seines Lehrherrn wieder, die verwitwete Johanna Christiane Woost. Sie war 46 Jahre alt, Johann Christian Woyzeck zählte 41 Jahre. Beide gingen eine Liaison ein. Doch sosehr sich ihre Vornamen auch glichen, als Menschen passten beide nicht wirklich zusammen. Sie suchte Liebeleien mit anderen Soldaten, er reagierte mit rasender Eifersucht. Mehrmals schlug Woyzeck die Witwe blutig. Schließlich kam es am 21. Juni 1821 zum dramatischen Finale. Woyzeck kaufte sich eine alte Degenklinge und ließ sie neu fassen. Nachdem ihn Johanna Christiane Woost am Nachmittag versetzt hatte, lauerte er ihr am späten Abend auf. Im Eingang ihres Hauses in der Leipziger Sandgasse zückte er den Degen. Siebenmal stach er auf sie ein.

Bereits im August 1821 begann der Mordprozess. Da an Woyzecks Zurechnungsfähigkeit erhebliche Zweifel bestanden, zog sich das Verfahren über mehr als zwei Jahre hin. Mit Johann Christian August Clarus erstellte ein späterer Rektor der Leipziger Universität zwei Gutachten. Laut diesen war die „Zurechnungsfähigkeit des Mörders J. C. Woyzeck, nach Grundsätzen der Staatsarzneikunde actenmäßig erwiesen". Daraufhin wurde der Mörder zum Tod durch das Schwert verurteilt. Zwölf Jahre später inspirierten Clarus' Gutachten den Dichter Georg Büchner zu einem Drama. Im Herbst 1836 begann er, an seinem „Woyzeck" zu arbeiten. Da Büchner kurz darauf starb, blieb das Stück unvollendet. Karl Emil Franzos schrieb „Woyzeck" 1878 zu Ende. In den 1920er-Jahren wurde das Drama zu einem der meistgespielten Theaterstücke. Die literarische Vorlage wurde mehrfach verfilmt, unter anderem mit Klaus Kinski in der Hauptrolle.

Woyzeck während des Mordprozesses. Die Lithografie entstand 1822.

Die Frau vom 100-Mark-Schein

Zwei Tage vor der deutschen Wiedervereinigung bescherte die Bundesbank den Leipzigern ein besonderes Begrüßungsgeld. Am 1. Oktober 1990 gab sie einen neuen Hunderter heraus. Er zeigt mit Clara Schumann jene Pianistin, die als Leipziger Wunderkind ihre Karriere gestartet hatte. Doch ist es überhaupt Clara Schumann, die wir auf diesem Geldschein sehen? Ja, aber …

Die Banknote zeigt Clara Schumann im Alter von 19 Jahren. Damals, anno 1838, war die Musikerin unverheiratet. Sie trug noch ihren Geburtsnamen Wieck. Wenn es nach ihrem Vater Friedrich Wieck gegangen wäre, hätte sich an diesem Zustand auf lange Zeit wohl nichts verändert. Clara hatte sich zwar bereits 1837 heimlich mit dem Komponisten Robert Schumann verlobt. Jedoch versuchte ihr Vater mit all seiner Autorität, die Liebesbeziehung zu boykottieren. Selbst das Schreiben von Briefen verbot er der Tochter, worüber sie sich freilich hinwegsetzte.

Der 100-Mark-Schein zeigt die
Pianistin im Alter von 19 Jahren.

Clara war am 13. September 1819 in Leipzig auf die Welt gekommen. Ihr Vater arbeitete als Klavierlehrer, ihre Mutter war Pianistin. Die Familie lebte in einem heute nicht mehr existenten Haus am Neumarkt. Wenige Jahre später trennten sich die Eltern; die Tochter wuchs fortan beim Vater auf. Friedrich Wieck ließ Clara schon als Kleinkind täglich intensiven Musikunterricht angedeihen. Ihr erstes Konzert im Gewandhaus gab die Pianistin mit neun Jahren. Bald galt Clara als Wunderkind.

In jener Zeit lernte Clara einen anderen, neun Jahre älteren Musikschüler ihres Vaters kennen: Robert Schumann. Schließlich zog der werdende Komponist sogar für ein Ausbildungsjahr in Wiecks Haushalt ein. Ein Liebespaar wurden Clara und Robert aber erst, als sie bereits 16 war.

Wiecks Bedenken gegen beider Beziehung war vor allem von Furcht genährt. Er meinte, dass eine Ehe Claras Karriere schaden würde. Konzertreisen hatten sie schon ins Mekka der klassischen Musik geführt, nach Wien. Hier ernannte sie der österreichische Kaiser nach einer umjubelten Aufführung von Beethovens „Appassionata" zur kaiserlich-königlichen Kammervirtuosin. Die Urzeichnung ihres Abbilds auf dem späteren 100-Mark-Schein entstand während dieses Wien-Aufenthalts.

Auf der einen Seite der große öffentliche Erfolg, auf der anderen der stete private Zwist mit jenem Mann, der die Grundlage dieses Ruhms gelegt hatte. Der Konflikt spitzte sich weiter zu. Schließlich zog Clara Wieck aus dem Vaterhaus aus sowie gemeinsam mit Robert Schumann vors Leipziger Appellationsgericht. Beide klagten gegen die Bevormundung durch ihren Vater – und gewannen. 1840 stimmte das Gericht einer Ehe zu. Am Tag vor ihrem 21. Geburtstag gab sich das Paar in der Kirche von Leipzig-Schönefeld das Jawort.

Die Gerichtsakten haben im Leipziger Staatsarchiv die Zeiten überdauert. Sie erzählen auf rund 100 Seiten von einer regelrechten Schlammschlacht. Unter anderem beschrieb Claras Vater deren Verlobten als Trinker und eitlen Menschen. Schumann würde außerdem Beziehungen zu anderen Frauen unterhalten. Richtig ist, dass der Komponist vor Clara bereits mit einer anderen Frau verlobt gewesen war. Auch sie hatte pikanterweise zu Wiecks Leipziger Musikschülern gehört.

Bis 1844 lebte das frischvermählte Paar in Leipzig, dann zogen die Schumanns nach Dresden. In ihrem Wohnhaus (Inselstraße 18) befindet sich mittlerweile ein Museum. Es erzählt vom Wohl und Wehe der Künstlerehe.

Marx und Engels als Taufpaten

Das Kirchenbuch von St. Thomas weist für den 17. September 1871 die Taufe von Karl Liebknecht aus. Unter den fünf Paten werden auch Karl Marx und Friedrich Engels aufgelistet. Doch wer annimmt, die Begründer der kommunistischen Weltanschauung hätten die Kirche tatsächlich besucht, der irrt.

Karl Liebknecht ist einer der legendärsten Marxisten aller Zeiten. 1914 verweigerte er als einziges Reichstagsmitglied seine Zustimmung zu den Kriegskrediten. Vier Jahre später rief Liebknecht vor dem Berliner Stadtschloss die sozialistische Republik aus. Im Januar 1919 wurden er und seine Mitstreiterin Rosa Luxemburg ermordet.

Sein Werdegang wurde ihm bereits in die Wiege gelegt. Liebknechts Vater Wilhelm war einer der Gründer der SPD gewesen. Noch dazu war der Vater aus Zeiten seines Exils in England ein guter Freund von Karl Marx und Friedrich Engels. Entsprechend tauschten sich die Männer immer wieder über Privates aus. Elf Tage nach der Geburt seines Sohnes Karl schrieb Wilhelm Liebknecht einen Brief an den in London lebenden Engels. „Meine Frau läßt Dich und Marx fragen, ob Ihr Pathen meines Jungen sein wollt, dem die Namen Karl, Paul und Friedrich zugedacht sind? Da diese Taufe Sonntag über 14 Tage sein soll, laßt mich nicht allzulang warten."

Die Bitte entbehrte nicht einer gewissen Pikanterie. Marx war zwar der Messias der Arbeiterbewegung, stand aber ansonsten dem praktizierten Christentum kritisch gegenüber. Die Feststellung „Religion ist das Opium des Volkes" gehört zu seinen bekanntesten Zitaten. In der Originalschrift setzte er diesen Gedanken so fort: „Die Aufhebung der Religion als des illusorischen Glücks des Volkes ist die Forderung seines wirklichen Glücks."

Dem Glück der Familie Liebknecht wollten Marx und Engels freilich nicht im Wege stehen. Immerhin sollte der Täufling ja beider Vornamen tragen –

sowie den des Mainzer Revolutionärs Paul Stumpf. Zur Taufe in der Leipziger Thomaskirche reisten Marx und Engels jedoch nicht an.

Das lag maßgeblich an der politischen Lage. Zu Beginn des Jahres 1871 wurde das Deutsche Kaiserreich gegründet, im Mai die Pariser Kommune blutig niedergeschlagen. Bespitzelungen und Verhaftungen von Revolutionären gehörten zur Tagesordnung. Lediglich in England und in der Schweiz fühlten sich die Führungsmitglieder der Internationale nach eigener Einschätzung vor Verfolgung sicher. So gab Friedrich Engels während einer Sitzung des Generalrats der Internationale am 25. Juli 1871 zu Protokoll, dass bei Reisen nach Deutschland das Risiko droht, „ins Gefängnis gesperrt zu werden".

Es bestand für Marx und Engels aber noch ein zweiter Grund, nicht zur Taufe zu kommen. Im August und September 1871 waren beide vollauf mit der Vorbereitung der Londoner Konferenz der Internationale befasst. De facto handelte es sich dabei um einen Parteitag. Er trat am 17. September 1871 zusammen, also genau am Tag von Karl Liebknechts Taufe.

So beließen es die beiden Exilanten wohlweislich bei einer formellen Erklärung ihrer Patenschaft.

Normalerweise hätte auch Karls Vater an der Londoner Konferenz teilgenommen. Einige Tage zuvor erteilten er und August Bebel jedoch ihrem Londoner Kampfgefährten Engels eine Absage. Wegen eines gegen sie geplanten Hochverratsprozesses sei ihnen die Reise nicht möglich. Tatsächlich fand dieser Prozess 1872 statt; beide kamen für zwei Jahre ins Gefängnis. Davon unbenommen, notierte Marx älteste Tochter Jenny kurz nach der Konferenz, dass Liebknecht und Bebel wegen Geldmangels nicht nach London gekommen seien.

Was aber wurde aus dem Täufling in jenen Jahren? Zu Beginn des Jahres 1872 dankte Vater Liebknecht den beiden Londoner Freunden für die Patenschaft. „Pflichten gibt's da nicht, höchstens, daß ihr dem jungen Sozialdemokraten etwas von Eurem Geist einzufiltrieren sucht."

Karl Liebknecht besuchte die Nikolaischule und begann, Jura an der Leipziger Universität zu studieren. 1890 zog er mit der Familie nach Berlin.

Liebknechts Vaterhaus in der Braustraße 15 wird von der Partei Die Linke genutzt.

Der Mann, der Mercedes erfand

Autos aus Leipzig – da denkt man sofort an die neuen Werke von BMW und Porsche. Doch nicht minder ist eine der ältesten Automarken der Welt mit der Stadt verbunden. Hier wurde der Namensgeber von Mercedes geboren.

Am 6. April 1853 gebar Rosalie Jellinek, die Frau des Leipziger Rabbiners, ihren Sohn Emil. Über die frühe Kindheit des Knaben in Leipzig ist nichts bekannt. Sein Vater Adolf konzentrierte sich in jenen Jahren voll und ganz auf den Bau einer Synagoge. Als sie im September 1855 eingeweiht wurde, gehörte König Johann von Sachsen zu den ersten Besuchern. Nur wenige Monate später zogen die Jellineks von Leipzig nach Wien.

Emil sollte als junger Mann zum schwarzen Schaf der Familie werden. Während seine Brüder als Staatsrechtler und Germanist seriöse Berufe ergriffen, schlug er sich so durchs Leben. Er wechselte mehrfach die Schule, brach eine Ausbildung ab und zog schließlich in die weite Welt. Jellinek wurde Diplomat in Afrika, er handelte mit Tabak, er agierte als Versicherungsvertreter – und über allem häufte er ein großes Vermögen an.

Ausgangs des 19. Jahrhunderts begann er, in Südfrankreich mit Daimler-Automobilen zu handeln. Um sich und seine Fahrzeuge bekannt zu machen, startete Emil Jellinek bei Rennen. Dabei verfiel er 1899 auf eine geniale Idee. Er meldete sich für Rennen unter dem wohlklingenden Pseudonym „Monsieur Mercedes" an. Mercédès war der Vorname seiner 1889 geborenen Tochter. Da Jellinek wiederholt siegte, wurden Monsieur Mercedes' Autos immer bekannter. Die Fahrzeugverkäufe nahmen stark zu. Jellinek erlangte auf diese Weise gegenüber der Daimler-Motoren-Gesellschaft eine Position, in der er Forderungen zu beider Wohlergehen stellen konnte. Sein größter Wunsch galt kräftigeren Motoren. Im Dezember 1900 entstand so der erste echte Rennwagen. Er hatte für damalige Verhältnisse stolze 35 PS – und er war auf der Piste unbezwingbar. Zwei Jahre später ließ sich Daimler den Markennamen Mercedes gesetzlich schützen.

Emil Jellinek starb 1918 in Genf.

Emil Jellinek mit seiner Tochter Mercédès um 1895

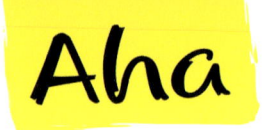

Reclams geniale Idee

1867 begründete ein Leipziger Verleger die erfolgreichste Buchreihe Deutschlands. Reclams Universal-Bibliothek setzte von Anbeginn auf große Literatur zu kleinen Preisen.

Mit Goethes „Faust" fing alles an. Am 10. November 1867 gab Anton Philipp Reclam den ersten Band seiner Universal-Bibliothek heraus. Erst am Vortag war in Deutschland ein neues Gesetz zum Urheberrecht in Kraft getreten. Es regelte, dass literarische Werke 30 Jahre nach dem Tod ihres Autors der Gemeinfreiheit anheimfallen sollten. Jeder durfte diese Werke fortan publizieren, ohne dafür Vergütungen an vorherige Rechteinhaber zahlen zu müssen. Reclam setzte konsequent darauf, diesen Preisvorteil an seine Leser weiterzugeben. Noch dazu gestattete das gewählte Buchformat – im Grunde waren und sind es Hefte – günstige Produktionskosten. Kurzum: Reclam konnte große Literatur zu kleinen Preisen anbieten. Das Konzept funktioniert bis heute, auch dank der Nutzung der Hefte im Schulunterricht und an Universitäten. Die Entscheidung für Goethes „Faust" als erste Ausgabe lag nahe. Zum einen galt das Drama längst als Klassiker. Zum anderen war Goethe bereits 35 Jahre tot. Lebende Autoren hatten es dagegen viel schwerer, in die alsbald sehr erfolgreiche Reihe aufgenommen zu werden. Thomas Mann gelang dies, worüber er sich ungemein freute. „Schon zu Lebzeiten sind wir eingezogen in Philipp Reclams Pantheon und dürfen uns unter seiner Riesenkuppel ein wenig unsterblich dünken", schwärmte er 1928.
Anton Philipp Reclam hatte seinen Verlag 1837 gegründet. Bereits der Vater war Verleger und Buchhändler in Leipzig gewesen. Nach dem Zweiten Weltkrieg zog der damalige Verlagsbesitzer Ernst Reclam angesichts der drohenden Enteignung nach Stuttgart. Fortan gab es zwei Verlage und zwei Universal-Bibliotheken – in Ost wie in West. 2006 schloss der westdeutsche Verlag sein Leipziger Stammhaus. Die Buchreihe lebt weiter: Derzeit sind rund 3.100 Titel lieferbar.

Das Klugscheißer-Quiz

1. Das Faustdenkmal vor Auerbachs Keller ist mit Patina überzogen. Weshalb glänzt sein linker Schuh dennoch goldfarben?
2. Spargel oder Schwänze vom Flusskrebs? Was davon gehört ins Leipziger Allerlei?
3. Warum wurde in der Fassade des Alten Rathauses eine Urne mit Friedhofserde aus Wien eingemauert?
4. Welcher Fußballverein ist der älteste in Leipzig?
5. Was verbindet das Sandmännchen auf immer und ewig mit einem in Leipzig geborenen DDR-Politiker?
6. Wieso war Susanna Eger zu Beginn des 18. Jahrhunderts in aller Munde?
7. Welcher Sportverein ist der erfolgreichste der Welt?
8. Gehörte Schlagersänger Frank Schöbel jemals dem Thomanerchor an?
9. Wurde in der Völkerschlacht noch mit Pfeil und Bogen gekämpft?
10. Es gibt unter den Vögeln keine weißen Elstern. Warum heißt der Fluss Weiße Elster dennoch so?
11. Wilhelm Wundt war Arzt, jedoch kein Wundarzt. Welches wegweisende Institut verdankt ihm Leipzig?
12. Was bedeutet das gigantische doppelte *M* – also das MM – am Eingang der Alten Messe?
13. Als Kulturstätte ist die Moritzbastei weit über Leipzig hinaus bekannt. Wer aber war Moritz?
14. Warum wurde in Leipzig nicht wie geplant ein Olympiastadion gebaut?
15. Wer trägt den Namen Osanna?

Antworten

1. Das Denkmal besteht aus Bronze. Seine
Oberfläche ist seit dem Aufstellen im Jahr
1913 immer mehr nachgedunkelt. Dem
Volksglauben nach beschert es Glück,
wenn man Fausts Fuß berührt. Die stän-
digen Streicheleinheiten sorgen dafür,
dass der linke Fuß keine Patina ansetzt.
Er sieht immer blitzblank aus.

Fausts linker Schuh glänzt, als
wäre er frisch geputzt.

2. Diese Frage ist zugegebenermaßen etwas gemein. Richtig ist, dass sowohl
Spargel als auch Flusskrebse in das klassische Gemüsegericht gehören.
Außerdem kommen grüne Erbsen, Möhren und Blumenkohl dazu. Auch auf
Morcheln sollte man nicht verzichten. Frisch zubereitet, ist das Leipziger
Allerlei ein Festmahl.

3. Die Erde soll dem Wiener Grab von Robert Blum entnommen worden sein.
Der Theaterdichter und Publizist stammte aus Köln. Er hatte in Leipzig ab
1832 seine Wahlheimat gefunden. Blum gehörte in den 1840er-Jahren zu
den maßgeblichen Revolutionären des Vormärz in Sachsen. 1848 hielt er eine
bewegende Ansprache vom Balkon des Leipziger Alten Rathauses. Im Herbst
desselben Jahres kämpfte er auf den Barrikaden von Wien. Dafür wurde er
zum Tode verurteilt und von kaiserlichen Soldaten erschossen. Seine letzte
Ruhe fand er auf dem Währinger Friedhof in Wien. 100 Jahre später wurde
ihm zu Ehren eine Urne mit Friedhofserde ins Leipziger Rathaus eingemauert.
Eine Plakette markiert die entsprechende Stelle.

4. Bereits in den 1880er-Jahren wurde in Leipzig gekickt, teils geschah dies
innerhalb eines Turnvereins. Am 1. Februar 1893 gründeten Lehrlinge und
Gesellen einer Fabrik in Gohlis den ersten Fußballverein Sachsens. Der SV
Lipsia 1893 e.V. besteht noch immer. Im selben Jahr entstanden zwei weitere
Vereine, die Sportbrüder (später aufgegangen im Verein für Bewegungsspiele)
sowie der Leipziger BC (Ballspiel-Club).

5. Seit seinem ersten Fernsehauftritt im Jahr 1959 trägt das Sandmännchen einen Spitzbart, ganz so wie der damalige SED-Chef Walter Ulbricht. Die Ähnlichkeit ist verblüffend. Belege dafür, dass dies absichtlich geschehen sein soll, gibt es nicht.

6. Susanna Eger ist die Autorin des Leipziger Kochbuchs. Es erschien erstmals 1706, damals noch unter dem Namenskürzel „S.E.". Sechs Jahre später, in der Zweitauflage, wurde der volle Name der 72-Jährigen genannt. Das Buch enthält 910 Rezepte, viele davon sind regional. Darin gab Eger auch Tipps für die auf den „Marckt zum Einkauf gehende allzeit fertigrechnende Köchin" sowie solche für die Tischordnung.
In Leipzig trägt heute eine Berufsschule ihren Namen.

7. Kein Verein ist so erfolgreich wie der SC DHfK, also der Sportclub Deutsche Hochschule für Körperkultur Leipzig e.V. Das zumindest bestätigte im Jahr 2015 eine Auswertung des Rekordinstituts für Deutschland. Es fand heraus: Mit 384 bei Weltmeisterschaften und Olympischen Spielen errungenen Medaillen liegt der SC DHfK an der Weltspitze.

8. Dem 1942 geborenen Leipziger war das Singen in die Wiege gelegt worden. Seine Mutter war Sopranistin und Gesangslehrerin. Auf seiner Internetseite schreibt Frank Schöbel, „sein Weg als Sänger begann schon als 7jähriger im Vorbereitungslehrgang zum Thomanerchor". Aufgenommen ins Ensemble wurde er allerdings nicht. Ende der 60er-Jahre gewann Schöbel mit seiner Gattin Chris Doerk zweimal den Schlagerwettbewerb der DDR. 1971 landete er mit „Wie ein Stern" seinen ersten internationalen Erfolg.

9. Zur Russischen Armee gehörten Einheiten aus Baschkirien. Das dem muslimischen Glauben zugehörige Reitervolk der Baschkiren zog mit Pfeil und Bogen sowie Säbeln in die Schlacht. In Leipzig erinnert der Baschkiren-Gedenkstein an diese Krieger. Auf der dazugehörigen Schrifttafel wurde ein Reiter mit gespanntem Bogen eingraviert. Das Denkmal befindet sich nahe der Russischen Gedächtniskirche.

10. Das Gefieder der Elstern ist schwarz-weiß. Flussnamen mit dem Zusatz „Elster" gibt es ebenfalls in diesen beiden Farben. Die Schwarze Elster fließt

nordöstlich weit an Leipzig vorbei, während die Weiße Elster von Süden kommend durch die Stadt strömt. Die Namen der Flüsse haben jedoch nichts mit dem Vogel zu tun. Das Wort Elster entstammt im Falle von Gewässern dem indogermanischen Sprachraum; es steht für fließen. Der Namenszusatz „Weiße" könnte auf die Farbe mitgeführter heller Sedimente anspielen, „Schwarze" hingegen auf den erhöhten Eisengehalt.

11. Dr. med. Wilhelm Wundt war Psychologe. 1879 gründete er in Leipzig das weltweit erste Institut für Psychologie. Er wollte auf experimentellem Wege die körperlichen sowie kulturellen Grundlagen des Seelischen untersuchen. Das zunächst private Institut ging nach einigen Jahren in der Universität auf. Wundt wurde 1889/90 zum Rektor der Universität gewählt.

12. Das MM steht als Kürzel für Mustermesse. Typisch für Mustermessen ist, dass Hersteller bzw. Händler lediglich Muster ihrer Produkte zeigen. (Groß-) Kunden bestellen diese Waren und bekommen sie geliefert. Das ist heutzutage der normale Ablauf auf den meisten Messen. Früher gestalteten diese sich völlig anders. Die Händler reisten mit einem umfänglichen Warenbestand an und verkauften ihre Produkte vor Ort. Mit der zunehmenden Industrialisierung stießen Warenmessen jedoch immer mehr an ihre Grenzen. Erstmals umgesetzt wurde das Prinzip der Mustermesse 1895 in Leipzig. In der Folge entstanden in der Innenstadt repräsentative Messehäuser wie Specks Hof und die Mädlerpassage.

13. Die Moritzbastei ist der einzige erhaltene Teil der Stadtbefestigung. Leipzig war im Schmalkaldischen Krieg anno 1547 belagert worden. Dabei erlitten die Pleißenburg sowie die Stadtmauer starke Schäden. Darauf-

Neben der Moritzbastei erinnert ein Steinhaufen an kriegerische Zeiten. Beim genaueren Hinsehen entpuppt er sich als Ansammlung steinerner Kanonenkugeln aus der Zeit des Dreißigjährigen Krieges.

hin ließ der sächsische Kurfürst Moritz die Verteidigungsanlagen ausbauen. 1553, im Jahr der Fertigstellung der Petersbastei, wurde Moritz während einer Schlacht nahe Hannover angeschossen. Zwei Tage darauf starb er. Ihm zu Ehren gab der Volksmund der Festungsanlage den Namen Moritzbastei.

14. Die Entwürfe dafür lagen vor, sie stammten von einem Team um den internationalen Stararchitekten Peter Eisenman. Das Stadion sollte für die Olympischen Spiele des Jahres 2012 entstehen. Allerdings scheiterte Leipzigs Olympia-Bewerbung an starken Konkurrenten. Auch New York, Moskau, Paris und Madrid hatten sich vergeblich beworben. London setzte sich durch. In Leipzig bestand damit kein dringlicher Bedarf mehr an einem Stadion.

15. Osanna ist die größte Kirchenglocke Leipzigs. Sie hängt in St. Nikolai und wiegt 6.775 Kilogramm. Als sogenannte Festtagsglocke stimmt sie an hohen Feiertagen sowie am Tag der Friedlichen Revolution (9. Oktober) das Geläut mit dunklen, warmen Tönen an. Sie ist sozusagen die Vorsängerin; die anderen sieben Glocken der Nikolaikirche stimmen zeitversetzt ein. Lediglich am Karfreitag ist Osanna solo zu hören, für immerhin fünf Minuten. Die heutige Glocke wurde erstmals im Jahr 2019 angeschlagen. Sie hatte drei Vorgängerinnen. Die erste Osanna war bereits 1452 gegossen worden, die zweite wurde während des Ersten Weltkrieges für die Rüstungsindustrie eingeschmolzen.

Die Kirche St. Nikolai in Leipzig

Leipzig von oben

Aussichtstürme stehen normalerweise in gebirgigen Regionen, nicht aber im Flachland. Freilich geht es in Leipzig schon immer etwas anders zu als andernorts, auch in puncto schöner Aussichten. Etliche Türme bieten fantastische Rundblicke über die Stadt.

Das City-Hochhaus

Mit 142 Metern ist der sogenannte Uni-Riese das höchste Gebäude der Stadt. Mit Antennen misst der Tower sogar 153 Meter. Entstanden ist das Hochhaus 1968 bis 1972 für die Universität. Um die Jahrtausendwende wurde es zum

Vom City-Hochhaus gesehen, wirkt selbst der höchste Rathausturm Deutschlands (links im Bild) niedrig.

Geschäftshaus umgebaut. Wer die Aussichtsplattform in der 31. Etage besuchen möchte, kommt zugleich in einen äußerst bequemen Vorzug. Natürlich gibt es einen Fahrstuhl, wenn auch nur bis zur 29. Etage.

Die Plattform befindet sich in 120 Meter Höhe. Von hier oben wirkt das große Leipzig überraschend kompakt. Viele markante Gebäude scheinen zum Greifen nah. Zugleich wirken all die Menschen dort unten klein wie Ameisen.

Der Rathausturm

In Deutschland verfügt keine Stadt über einen höheren Rathausturm als Leipzig. Er gehört zum Neuen Rathaus und ragt 115 Meter empor. Das Gebäude entstand zwischen 1899 und 1905 an der Stelle der vorherigen Pleißenburg. Auch sie hatte über einen imposanten Turm verfügt.

Einmal am Tag öffnet der Turm für Besucher. Allerdings sollte man gut zu Fuß sein. 250 Stufen liegen zwischen dem Startpunkt in der vierten Rathaus-Etage und dem Aussichtsgang. Ähnlich wie beim Uni-Riesen liegt dem Betrachter die Innenstadt zu Füßen.

Das Völkerschlachtdenkmal

Besucher, die vom 91 Meter hohen Denkmal aus einen Rundblick wagen möchten, stehen vor der Wahl: Entweder nehmen sie 500 Treppenstufen in Angriff oder aber sie nutzen den Fahrstuhl. Unterwegs, auf Höhe der Krypta, muss umgestiegen werden. Wer jetzt eventuell doch laufen möchte, dem stehen noch immer 364 Stufen bevor. Zudem ist der Aufgang recht eng. Von oben kann man über das einstige Schlachtfeld von 1813 blicken; unweit von hier befand sich während der dreitägigen Kämpfe einer der Befehlsstände Napoleons. Das Umfeld des Denkmals ist überraschend grün. In vier Kilometer Entfernung befindet sich das Stadtzentrum.

Der Turm im Rosental

Er ist zwar nur 20 Meter hoch, aber dafür der Klassiker unter Leipzigs Aussichtspunkten. Schon zu Beginn des 18. Jahrhunderts wurde in der Parklandschaft ein erster Turm errichtet. Kurfürst August der Starke soll ihn wiederholt besucht haben.
Ausgangs des 19. Jahrhunderts verbesserte sich die Aussicht erheblich. Damals wurde aus Müll ein 20 Meter hoher Hügel errichtet. Darauf wiederum entstand ein neuer Aussichtsturm. Er fiel 1943 einem Luftangriff zum Opfer. In den 1970er-Jahren wurde aus Stahl der dritte, noch immer existierende Turm gebaut. Von ihm aus lässt sich der Park rundum überblicken.

Turm auf der Bistumshöhe

Dieser steht im Süden Leipzigs, zwischen Cospudener See und dem Freizeitpark Belantis. Von Weitem erinnert der mit Holz verkleidete Aussichtsturm an einen Schornstein, und genau dies ist auch so gewollt. Seine Architektur ist eine Hommage an die Industriekultur der Region. Der Aufstieg erfordert Schwindelfreiheit, allein schon ob der aus Gitterrosten bestehenden Stufen. 35 Meter ist der Turm hoch. Er erlaubt, die einstige Tagebaulandschaft weithin zu überblicken. Gleich nebenan grasen Bisons und Sikahirsche in einem Gehege.

Hochstapelei

Der höchste Berg Leipzigs erhebt sich immerhin 181 Meter über den Meeresspiegel. So zumindest weist es das städtische Amt für Geoinformation und Bodenordnung aus. Doch Obacht! Dieser Hügel ist keineswegs natürlichen Ursprungs. Der wahre Gipfel ist ein anderer.

Auch wenn Markkleeberg 1999 erfolgreich gegen die Eingemeindung nach Leipzig geklagt hat, sind beide Städte seitdem durch eine geografische Besonderheit untrennbar miteinander verbunden: Sie teilen sich ein und denselben Berg als höchsten natürlichen Punkt. Über den 163 Meter hohen Galgenberg verlaufen die Stadtgrenzen. Pikanterweise verdankt Leipzig seinen Höhepunkt den Eingemeindungen des Jahres 1999. Davon betroffen war auch das bis dahin eigenständige Liebertwolkwitz. In dessen Gemarkung liegt der Galgenberg.

Was aber hat es mit dem eingangs erwähnten 181 Meter hohen Berg zu tun? Ganz einfach: Es handelt sich um die Deponie Seehausen und damit um eine von Menschen gemachte Erhebung. Als Müllberg ist die Deponie kaum noch zu erkennen. Sie ist mit sattem Grün überzogen. Das Gelände wird als Golfplatz genutzt.

Die Umwandlung von Müllbergen zu Ausflugszielen hat in Leipzig gewissermaßen Tradition. So wurde gegen Ende des 19. Jahrhunderts im Rosental ein Hügel aus Müll errichtet und begrünt. Das bescherte ihm den Spitznamen Scherbelberg. Auf diesem stand bereits damals ein Aussichtsturm. Er wurde nach der Zerstörung im Zweiten Weltkrieg zu DDR-Zeiten durch einen Neubau ersetzt.

Wirklich hoch hinaus geht es andernorts, im zentralasiatischen Hochgebirge. Hier liegt der Pik Leipzig. Seinen Namen verdankt der Berg seinen aus Leipzig stammenden Erstbesteigern. Der Pik ragt 5.725 Meter empor. Um diese Höhe zu erreichen, müsste man den Leipziger Galgenberg 35-mal übereinanderstapeln.

Leipzig,
der Kaiser und der Kibo

Welcher Berg ist der höchste Deutschlands? Im Jahr 1890 gab der Leipziger Verleger Hans Meyer eine irritierend anmutende Antwort. Dies sei der Kibo im Kilimandscharo-Gebiet. Meyer hatte den afrikanischen Gipfel im Jahr zuvor als erster Mensch bestiegen. Der Berg misst 5.895 Meter.

Am 6. Oktober 1889, gegen 10.30 Uhr, trug sich eine denkwürdige Szene auf dem Kilimandscharo zu. Begleitet vom dreifachen Hurraruf seines österreichischen Weggefährten, pflanzte Hans Meyer eine deutsche Flagge auf dem Lavagipfel auf. Wenige Monate später, Meyer war längst zurück in Leipzig, gab er eine Reisebeschreibung heraus. Das Buch erschien im Bibliographischen Institut; der Verlag gehörte Meyers Familie. Nun erfuhr auch eine breite Öffentlichkeit im Detail, was dem „Hurra" gefolgt war. Voller Frohlocken hatte Meyer ausgerufen: „Mit dem Recht des ersten Ersteigers taufe ich diese bisher unbekannte, namenlose Spitze des Kibo, den höchsten Punkt afrikanischer und deutscher Erde: Kaiser-Wilhelm-Spitze. Nach einem Hoch auf den kaiserlichen Taufpaten drückten wir uns die Hand."

Deutsche Flagge auf dem Kibo, daneben Hans Meyer und sein Weggefährte Ludwig Purtscheller: Die Zeichnung entstand 1890 auf der Basis von Fotografien Meyers.

Kaiser Wilhelm in Tansania? Tatsächlich gehörte das Land zur 1885 errichteten Kolonie Deutsch-Ostafrika. Ausgerechnet während Hans Meyers 1887 gestarteter Afrika-Reise hatte sich die Küstenbevölkerung gegen die Deutschen erhoben. Der Leipziger geriet 1888 in Gefangenschaft von Buschiri bin Salim, dem Anführer der Aufständischen. Meyer wurde vor die Wahl gestellt, geköpft zu werden oder ein Lösegeld aufzutreiben. Er stellte selbst einen Scheck aus. Da er zugleich seine Expeditionsausrüstung einbüßte, musste der Forschungsreisende die geplante Kibo-Besteigung abbrechen. Heimgekehrt berichtete Meyer von langen Gesprächen, die er mit dem Araber geführt hatte.

Während ihm im Folgejahr der Aufstieg gelang, war Buschiri bin Salim das Glück alles andere als hold. Er wurde gefangen genommen, vor ein deutsches Kriegsgericht gestellt und im Dezember 1889 gehängt.

Die Kolonie Deutsch-Ostafrika bestand bis zum Kriegsende 1918; Großbritannien übernahm fortan Tansania. Erst 1964, nach der Unabhängigkeit, erhielt die Kaiser-Wilhelm-Spitze einen neuen Namen: Uhuru. Das Wort bedeutet „Freiheit". 1987 wurde das Kilimandscharo-Gebiet zum Weltnaturerbe erklärt.

Mont Klamott

1983 besang Tamara Danz, die damalige Sängerin der Band Silly, erstmals den Mont Klamott. Er ist nicht natürlichen Ursprungs. „Die Mütter dieser Stadt", so heißt es in dem Lied, „hab'n den Berg zusamm'gekarrt". Auch wenn der Song vom Berliner Trümmerberg erzählt, trifft er ebenso gut auf Leipzig zu.

Der Berliner Mont Klamott befindet sich im Erholungsgebiet Friedrichshain, der von Leipzig in der südlichen Vorstadt. Er trägt den Namen Fockeberg, in Anlehnung an die angrenzende Fockestraße. Etwa 45 Meter erhebt sich der als Park gestaltete Hügel über das Straßenniveau.
Bis zum Kriegsende befanden sich hier die sogenannten Bauernwiesen. Sie wurden ab 1947 zu einer Kippe für die Trümmer der Stadt umfunktioniert. Um die Unmengen an Schutt zerbombter Häuser transportieren zu können, hatten die Leipziger eine kleine Bahnstrecke eingerichtet. Zehn Jahre lang blieb die Trümmerhalde in Betrieb. Zwischenzeitlich wurde der Schutt auch wiederverwendet, etwa beim Bau des Zentralstadions.
Die Umgestaltung des Fockebergs zu einem parkähnlichen Gelände begann zu DDR-Zeiten. Mittlerweile wird er für die individuelle Erholung ebenso genutzt wie für Laufveranstaltungen und Seifenkistenrennen.
In der Stadt, so singt Tamara Danz, gebe es Staub und Straßenlärm. Ganz anders sei der Mont Klamott. Seine Wiesen sind grün. Wie wahr …

Blick vom Fockeberg auf Leipzig

Von Leipzig an die Nordsee

Leipzig ist der Namensgeber einer der großen Buchten Deutschlands, der Tieflandsbucht. Doch liegt Leipzig auch am Meer? Nein, die Stadt liegt an der Weißen Elster, der Pleiße und der Parthe.

Schon seit eh und je fließt das Wasser der Weißen Elster in die Saale und von dort über die Elbe in die Nordsee. Der Schifffahrt nutzt dies dennoch wenig. Die Weiße Elster ist für Binnenschiffe schlichtweg zu flach und zu schmal. Dennoch wurde der Traum von der Anbindung Leipzigs an die Nordsee bereits vor rund 100 Jahren durch Planspiele enorm beflügelt. Immerhin hatten sich die Länder Preußen, Sachsen, Braunschweig und Anhalt 1926 per Staatsvertrag geeinigt, nicht nur den Mittellandkanal fertigzustellen, sondern auch einen Elster-Saale-Kanal zu bauen. Er sollte Leipzig auf kurzem, schiffbarem Wege an die Saale anschließen. 1933 begannen die Kanalarbeiten bei Burghausen. Drei Jahre später kaufte Leipzig ein großes Gelände im Stadtteil Lindenau. 1938 startete hier der Bau eines Hafens. Binnenschiffe mit einem Ladevermögen von bis zu 1.000 Tonnen sollten in Lindenau festmachen können.
Dann kam der Zweite Weltkrieg und mit ihm 1943 der endgültige Baustopp. Elf Kilometer des Kanals waren bereits geflutet, acht weitere fehlten noch zur Vollendung. Am riesigen Hafenbecken standen die ersten große Speicher, ein Bahnanschluss war gelegt worden. Seither ist nicht mehr allzu viel passiert. Zwar wurden die Hafengebäude in DDR-Zeiten genutzt. Doch in Ermangelung eines Anschlusses ans Wasserstraßennetz legten natürlich keinerlei Schiffe an. Aus der Traum. Für immer? Nicht ganz!
2015 wurde der Hafen an die Weiße Elster angeschlossen. Noch aber stehen sowohl die Anbindung an den Elster-Saale-Kanal als auch die Vollendung der fehlenden acht Kanal-Kilometer bis zur Saale aus.

Die wahre Heimat des Fußballs

2015 eröffnete der Deutsche Fußball-Bund das von den Fans seit Langem herbeigesehnte Fußballmuseum – in Dortmund. Eigentlich hätte dieses Museum nach Leipzig gehört. Hier wurde nicht nur der DFB gegründet, von hier stammt auch der erste deutsche Serienmeister.

Leipzig, am 28. Januar 1900. Im Wirtshaus Zum Mariengarten versammeln sich die Abgesandten von 86 deutschen Fußballvereinen. Noch steckt der deutsche Fußball in den Kinderschuhen. Zwar werden bereits regionale Turniere gespielt, aber an eine klassische, im ganzen Reich ausgespielte Meisterschaft ist nicht zu denken. Nicht mal einheitliche Regeln gibt es. Das soll sich fortan ändern. Immerhin 64 Vereine stimmen im Mariengarten der Gründung des Deutschen Fußball-Bund e.V. (DFB) zu; schon bald treten weitere Clubs dem Bund bei. Unter den Gründungsmitgliedern befinden sich fünf Vereine aus Leipzig. Dass Leipzig auch auf dem Spielfeld eine Fußballmacht ist, zeigt sich 1902/03. In dieser Saison wird erstmals eine deutsche Fußballmeisterschaft veranstaltet. In der im K.-o.-System ausgetragenen Finalrunde setzt sich der VfB Leipzig (Verein für Bewegungsspiele) souverän durch. Lediglich im Halbfinale sieht es zeitweise so aus, als müssten die Sachsen ausscheiden. Gegen Altona liegt die Mannschaft bereits mit 0:2 zurück, kann aber ein 6:3 erkämpfen. Auch im Finale gegen den Deutschen Fußball-Club Prag gerät der VfB zunächst in Rückstand, ehe er mit 7:2 siegt. 1906 sowie 1913 kann der VfB seinen Triumph wiederholen. Er gilt damit als erster Rekordmeister der deutschen Fußballgeschichte. 1925 wird Leipzigs Serie gestoppt; damals gewinnt der 1. FC Nürnberg zum vierten Mal die Meisterschaft.

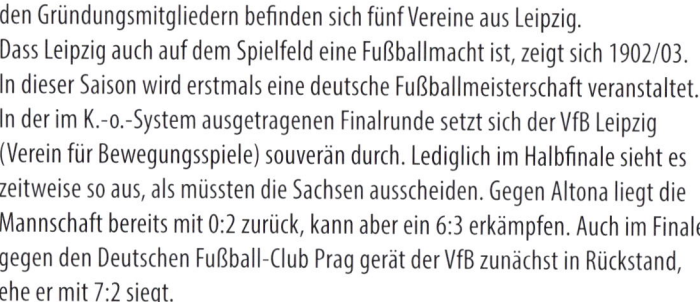

Das Gründungslokal des DFB, der Leipziger Mariengarten, ist bereits 1914 abgerissen und im darauffolgenden Jahr durch ein Verlagsgebäude ersetzt worden. Mittlerweile beherbergt das sogenannte Hofmeister-Haus in der Büttnerstraße 10 vor allem Wohnungen. Eine Gedenktafel erinnert an den 28. Januar 1900.

Das Restaurant Zum Mariengarten befand sich in der Carl-straße (heutige Büttnerstraße). Die alte Ansichtskarte betont den großen Biergarten.

So ging es zu Beginn des 19. Jahrhunderts im Fußball zu. Die Zeichnung erschien 1902 in der in Leipzig herausgegebenen „Illustrirten Zeitung".

Fußball-Wettspiel zwischen Engländern und Deutschen auf dem Sportplatz zu Leipzig. Nach dem Leben gezeichnet von O. Gerlach.

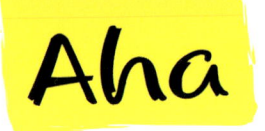

Reine Kopfsache

Der Hauptbahnhof ist weit über die Landesgrenzen hinaus berühmt – auch dank Hollywood. 1990 wurden hier Szenen des Spionagefilms „Wie ein Licht in dunkler Nacht" gedreht. Die Freude darüber begann sich jedoch alsbald zu trüben. Der Film wurde zum schlechtesten seines Jahrgangs gekürt.

Das Staraufgebot hätte kaum verheißungsvoller sein können. Vor der Kamera standen Michael Douglas als Anwalt, Melanie Griffith als Spionin und Liam Neeson als Nazi-General. Doch als der Film 1992 endlich in die Kinos kam, hagelte es sofort Kritik. Von einem Rührstück ging die Rede, nicht aber von einem Thriller. Statt der Oscars gab es drei Goldene Himbeeren: für den schlechtesten Film, die schlechteste Regie sowie die schlechteste Schauspielerin. Beinahe wäre Michael Douglas auch noch zum schlechtesten Schauspieler gekürt worden.

Eine gute Figur hatte in „Wie ein Licht in dunkler Nacht" eigentlich nur einer abgegeben. Und das war der Leipziger Hauptbahnhof. Auf der Suche nach einem großen Bahnhof, der die Atmosphäre der Vorkriegszeit authentisch verströmt, führte an Leipzig kein Weg vorbei. Zwar waren auch seine Hallen durch Bombentreffer fast vollständig zerstört worden. Doch der Wiederaufbau hatte sich weitgehend am historischen Vorbild orientiert.

Auf dem heutigen Gelände bestanden bereits im 19. Jahrhundert drei kleinere Bahnhöfe. Jeder von ihnen bediente eine Strecke, danach waren sie auch benannt: Thüringer, Magdeburger und Dresdner Bahnhof. Angesichts der an der Wende zum 20. Jahrhundert rasant wachsenden Stadt war der Bau eines neuen,

> Vor dem Bau wurde ein Architekturwettbewerb ausgeschrieben. Umgesetzt wurde der Entwurf von William Lossow und Max Hans Kühne aus Dresden. Er trug den Titel „Licht und Luft".

großen Bahnhofs dringend geboten. 1909 begannen die Bauarbeiten. Am 4. Dezember 1915 wurde der Leipziger Hauptbahnhof als einer der größten der Welt eingeweiht. Allein das Empfangsgebäude miss fast 300 Meter in der Breite. Wer sich heutzutage ein Bild von den Ausmaßen machen möchte, sollte idealerweise die Aussichtsplattform des City-Hochhauses besuchen.

Der Hauptbahnhof hat eine überbaute Grundfläche von rund 80.000 Quadratmetern. Das entspricht der Größe von nahezu elf Fußballfeldern.

Von oben lässt sich nicht nur die städtebauliche Dominanz wunderbar überblicken. Zugleich erschließt sich der wesentliche Vorteil des nach dem Kopf-Prinzip gebauten Bahnhofs. Ein- und Ausfahrten erfolgen aus einer einzigen Richtung. Dadurch kann der Bahnhof einerseits sehr nah am Zentrum stehen, andererseits wird die Innenstadt nicht von seinen Gleisen zerschnitten. Dafür hatte man früher in Kauf zu nehmen, dass die Lokomotiven nach der Einfahrt umgespannt werden mussten. Dieses Prozedere ist dank des technischen Fortschritts immer seltener erforderlich. Moderne Züge besitzen vorn wie hinten einen Führerstand.

An jene Zeiten, da ausschließlich Dampfrösser in den Kopfbahnhof einfuhren, erinnern inzwischen nur noch Erzählungen, Fotos sowie der schlechteste Film des Jahres 1992: „Wie ein Licht in dunkler Nacht".

Es gibt 20 für den Zugverkehr genutzte Bahnsteige. Sie tragen die Nummern 1 bis 23. Die Gleise 3, 4 und 5 wurden zurückgebaut. Auf Gleis 24 stehen Museumsloks.

Am 15. Mai 1960 stießen im Ein- und Ausfahrtsbereich des Hauptbahnhofs zwei Züge zusammen. Mindestens 54 Menschen kamen ums Leben, mehr als 200 weitere wurden verletzt.

Lipsi, Ulbricht, Beatmusik

1959 sagte SED-Chef Walter Ulbricht der westlichen Tanzmusik den Kampf an. Dabei sollte ein Tanz aus seiner Heimatstadt Leipzig eine große Rolle spielen, der Lipsi. Doch die staatlich verordnete Begeisterung wollte einfach nicht überspringen.

Erst sangen die Flamingos „Alle tanzen Lipsi". Dies sei ein Rhythmus, bei dem jeder mit müsse. Wenig später stimmte Schlagersängerin Helga Brauer eine Lobeshymne an: „Heute tanzen alle jungen Leute im Lipsi-Schritt, nur noch im Lipsi-Schritt!" Wer diese Lieder heutzutage hört, dürfte sich an die leichte Muse der 50er-Jahre erinnert fühlen. Trotzdem war der Modetanz zu Höherem auserkoren. Der Lipsi sollte die Überlegenheit des sozialistischen Kulturschaffens über die Musik des Westens demonstrieren.

Das Leipziger Ehepaar Christa und Helmut Seifert, Inhaber einer Tanzschule, hatte die Tanzschritte 1958 erfunden. Ein Auftragswerk der DDR-Oberen war ihr Lipsi aber keineswegs. Allerdings passte der Tanz perfekt zur damaligen Kulturpolitik. Längst hatte die Partei- und Staatsführung begonnen, massiv gegen westliche Musik zu Felde zu ziehen. Im Radio und während Tanzveranstaltungen sollten mindestens 60 Prozent der Titel aus der DDR und weiteren sozialistischen Ländern stammen. Schließlich erklärte SED-Chef Walter Ulbricht im April 1959, es genüge nicht, „gegen die Hotmusik und die ekstatischen Gesänge eines Presley zu sprechen. Wir müssen etwas Besseres bieten". Ein solcher Versuch, mit Besserem gegenzuhalten, war der Lipsi. Schon bald tanzten die Seiferts republikweit vor; die Kino-Wochenschau machte es möglich. Komponisten und Sänger stimmten Hymnen auf den neuen Tanz an, sogar ein Messe-Lipsi entstand. Schließlich erhielten die Tanzlehrer im Jahr 1959 den Kunstpreis der DDR.

Der Begeisterung der Jugendlichen für Rock'n'Roll und Beatmusik tat der staatlich sanktionierte Lipsi wenig Abbruch. Er passte einfach nicht zu ihrem

Eine Gruppe von Tanzpaaren führt den neuen DDR-Modetanz Lipsi vor.

Lebensgefühl. Ohnehin schienen die Zeiten, in denen man sich Arm im Arm im Tanzschritt wiegte, vorbei zu sein. Ab und an regte sich sogar öffentlicher Protest. So berichtet die Jazzsängerin Uschi Brüning in ihrer Autobiografie von kleineren Demonstrationen. Dabei sollen Jugendliche in Leipzig skandiert haben: „Wir tanzen keinen Lipsi und nicht nach Alo Koll, wir sind für Bill Haley und tanzen Rock'n'Roll." Alo Koll war Schlagerkomponist.

Der Lipsi hatte keine Chance, zumal sich ein neuer Musikstil durchzusetzen begann. Hunderte Gitarrengruppen gründeten sich. Nahezu alle spielten Beat. Allen voran die Leipziger Butlers. Die Staatsgewalt reagierte erstaunlich liberal. Schließlich gab Ulbricht 1963 die Parole aus: „Welchen Takt die Jugend wählt, ist ihr überlassen. Hauptsache, sie bleibt taktvoll."

Ab 1965 hieß es wieder, Musik nach westlichem Vorbild würde zum Verderb der Jugend führen. „Ist es denn wirklich so, dass wir jeden Dreck, der vom Westen kommt, nu, kopieren müssen?", fragte Machthaber Ulbricht auf einer Tagung, um selbst zu antworten: „Mit der Monotonie des Je-Je-Je, und wie das alles heißt, ja, sollte man doch Schluss machen."

Zahlreiche Gruppen erhielten ein Auftrittsverbot. Den Butlers teilte der Rat der Stadt Leipzig mit: „Während Tausende junge Menschen unserer Stadt in der Volkskunstbewegung Freude, Erholung, Bildung und ästhetische Befriedigung suchen und finden, müssen wir feststellen, dass Ihre Gitarrengruppe der sozialistischen Laienkunst Schaden zufügt."

Die Fans der Butlers reagierten 1967 mit einer stillen Demonstration. Etwa 500 versammelten sich vor dem Neuen Rathaus. Polizei und Stasi reagierten mit aller Härte. Ein Wasserwerfer kam zum Einsatz. 267 Jugendliche wurden verhaftet. Etwa jeder Dritte von ihnen musste aus erzieherischen Gründen mehrere Wochen in einem Tagebau arbeiten.

Die Blechbüchse

1968 eröffnete mit dem Konsument-Warenhaus der seinerzeit größte
Einkaufstempel der DDR. Schon bald hatte das Haus dank der Aluminium-
fassade seinen Spitznamen weg. Wer heutzutage vor der Blechbüchse
steht, könnte meinen, alles sei wie eh und je. Von wegen!

Es gibt Wörter, die sollte man Lesern eines populärwissenschaftlichen Buchs
normalerweise nicht zumuten. Zu groß ist die Gefahr, dass sie das Weglegen der
Lektüre zur Folge haben. Wörter wie hyperbolisches Paraboloid zum Beispiel.
Tatsächlich beschreibt dieser Begriff etwas, das den Leipzigern am Herzen liegt,
und das ist die betörende Fassade der Blechbüchse. Ihre zahlreichen Alumi-
nium-Elemente wurden in sich doppelt gekrümmt. Oder, wie Techniker sagen:
Sie haben die Form hyperbolischer Paraboloide. Letztlich mutet das Kaufhaus
dank dieser wie eine riesige Brotbüchse aus silbern schimmerndem Blech an.
Dabei begann die Geschichte der heutigen Höfe am Brühl bereits zu Zeiten des
Jugendstils. Das Kaufhaus eröffnete erstmals im Jahre 1908. Schon bald wurde
es mehrfach erweitert. Nachdem das Gebäude im Zweiten Weltkrieg stark beschädigt worden war, setzte man es in der DDR zunächst nur halbwegs instand.
Dann aber folgte ab 1965 der grundhafte Ausbau zum modernen Kaufhaus. Der
betagte Vorgängerbau verschwand dabei hinter einer Aluminium-Fassade. Statt
eines Jugendstilgebäudes stand plötzlich ein Ufo inmitten der Stadt.
2010 wurde das Kaufhaus abgerissen. Der Neubau an derselben Stelle nahm die
geschwungene Form des ursprünglichen Gebäudes auf. Damit war die wichtigste
Voraussetzung dafür geschaffen, dass die Fassade erneut mit den eigens restau-
rierten Aluminium-Elementen verkleidet werden konnte. Mit anderen Worten:
Die Blechbüchse sieht zwar aus, wie sie immer schon ausgesehen hat, ist aber
dennoch ein Neubau.

Je nach Lichteinfall schimmert die Blechbüchse stets anders.

Der erste Tatort

1970 strahlte die ARD die erste von inzwischen mehr als 1.000 Tatort-Folgen aus. „Taxi nach Leipzig" erzählt ein deutsch-deutsches Drama. Im Mittelpunkt steht eine Leipzigerin, die mit einem Messegast eine Liaison eingegangen war.

Auf einem Rastplatz an der Autobahn bei Leipzig wird die Leiche eines Fünfjährigen entdeckt. Der Junge trägt Schuhe aus westdeutscher Produktion. Wer aber ist er? Wurde das Kind von einem Transitreisenden abgelegt? Der Generalstaatsanwalt der DDR richtet ein Amtshilfeersuchen an die Bundesrepublik, zieht es aber wieder zurück. Der Hamburger Hauptkommissar Paul Trimmel beginnt dennoch zu ermitteln. Er reist auf eigene Faust in die DDR. Doch wie kann es ihm gelingen, von der vorgeschriebenen Transitstrecke abzuweichen? Trimmel täuscht eine Autopanne vor. Er ruft ein Taxi nach Leipzig. Angeblich geschieht dies nur, um sich dort einen neuen Keilriemen beschaffen zu können.

Der Hamburger kommt einem deutsch-deutschen Drama auf die Spur. Schlüsselfigur ist Eva. Die Leipzigerin hat den Leichnam als ihr Kind identifiziert. Tatsächlich kennt sie den Toten überhaupt nicht, dafür aber dessen Vater Erich. Er ist Westdeutscher, regelmäßiger Messegast in Leipzig – und er ist Evas Geliebter. Beide haben einen Sohn, der bisher bei Eva lebte. Der alleinstehende Westdeutsche ist bereits Vater, sein Sohn ist todkrank. Um Eva mit dem gemeinsamen Kind in die Bundesrepublik holen zu können, hat er einen perfiden Plan ausgeheckt. Er nimmt seinen kranken Sohn mit in die DDR, schläfert ihn ein und legt den Leichnam nahe Leipzig ab. Wenig später übergibt ihm Eva ihren Sohn, den Erich anstatt des toten Kindes mit in die Bundesrepublik nimmt. Die Mutter, so der Plan, möchte er später ausschleusen. Dazu kommt es nicht mehr. Eva hat sich neu verliebt. Sie bleibt in der DDR. Eine Möglichkeit, sich ungestraft der DDR-Polizei zu offenbaren, sieht sie nicht. Der Preis, den sie zahlen muss, ist hoch: Ihr Kind bleibt in Westdeutschland.

Von Leipzig nach New York

Wer für Freizeitparks schwärmt und an Leipzig denkt, landet fast zwangsläufig südlich der Stadt im Belantis. Karussellgeschichte schrieb Leipzig allerdings bereits gute 100 Jahre vor Eröffnung dieses Parks.

Wenn es um moderne Fahrgeschäfte ging, kam ausgangs des 19. Jahrhunderts niemand an Hugo Haase vorbei. Der Niedersachse galt als Karussellkönig. Er erfand die Berg- und Talbahn und setzte als erster Schausteller auf transportable Achterbahnen. Nachdem er sich in Roßla (Südharz) niedergelassen hatte, zog Haase zu Beginn des 20. Jahrhunderts für einige Jahre nach Leipzig. 1907 baute er ein Karussell, das weltberühmt werden sollte. Beim „El Dorado" handelt es sich um ein sogenanntes Stufenkarussell. Die Figuren sind bei ihm auf drei Scheiben montiert, welche sich in unterschiedlichen Geschwindigkeiten drehen. Entsprechend lebendig wirkt das sich drehende Fahrgeschäft.

In jenem Jahr bestückte Haases Firma auch den Hamburger Dom. In einem Zeitungsbericht hieß es dazu: „Um einen ungefähren Begriff von der Größe der auf dem diesjährigen Dom vertretenen Haaseschen Schöpfungen zu geben, sei bemerkt, dass Herr Haase 100 Mann Personal mitgebracht hat. […] 14 Dampfmaschinen, darunter solche bis zu 80 Pferdekraften, werden die erforderliche elektrische Kraft erzeugen, die zur Bewegung und Beleuchtung der Schaustellungen nötig ist."

Im Jahre 1910 verkaufte Haase das „El Dorado" für 150.000 Dollar in die USA. Fortan drehte es sich in einem Vergnügungspark auf Coney Island (New York). 1970 wurde das Leipziger Karussell aufwändig restauriert und bei der Weltausstellung in Osaka eingesetzt. Danach blieb es in Japan; von Osaka gelangte es in einen Freizeitpark von Tokio.

Henker im Kinderzimmer

Die Arndtstraße ist keine Wohnstraße wie jede andere. Gegenüber den Mietshäusern befand sich die zentrale Hinrichtungsstätte der DDR. Zwischen 1960 und 1981 ließen hier 64 Menschen ihr Leben.

„Meine liebe gute Muttel, liebe Geschwister, liebe Frau und mein liebes Kind! Soeben habe ich erfahren, dass mein Todesurteil vollstreckt wird, ich habe nur noch wenige Minuten zu leben." Mit diesen Worten beginnt ein Brief, den Manfred Smolka am 12. Juli 1960 aufgesetzt hatte. Der Offizier der Grenzpolizei war wegen Spionage zum Tode verurteilt worden. Kaum hatte Smolka seinen Abschiedsbrief beendet, wurde er in die ehemalige Hausmeister-Wohnung des Leipziger Gefängnisses geführt. Da, wo einst das Kinderzimmer war, stand eine Guillotine. Um 3.50 Uhr ließ der Henker das Beil herabstürzen.
Im System des Strafvollzugs der DDR kam der Leipziger Justizvollzugsanstalt eine zentrale Bedeutung zu. Hier wurden ab 1960 alle Hinrichtungen vollzogen. Eine Gedenktafel am Gebäude erinnert an die nachweislichen 64 Fälle. Unter den Verurteilten befanden sich Mörder ebenso wie NS-Verbrecher, aber auch sogenannte Feinde des Sozialismus.
Die Öffentlichkeit bekam von den Vollstreckungen nichts mit. Sie erfolgten in aller Stille. Die Opfer wurden im Krematorium des Südfriedhofs heimlich eingeäschert. Ihre Familien blieben oft jahrelang im Ungewissen.
Erst nach der Wende erhielt Manfred Smolkas Familie den Abschiedsbrief. Er endet mit einer Lebensweisheit. „Die Größe eines Menschen liegt in der Verzeihung, die er spenden kann, und Verzeihung ist das Schönste, was das Menschenherz uns gibt."
Verzeihen, das war ganz und gar nicht die Stärke jenes Mannes, der dieses Todesurteil bereits vor Beginn des Prozesses festgelegt hatte. Erich Mielke,

Eingang zur Hinrichtungsstätte in der Arndtstraße 48. Sie ist nur im Rahmen von seltenen Führungen zugänglich.

Minister für Staatssicherheit, behielt seine Meinung auch während der folgenden Jahrzehnte bei. Er erklärte 1982 seinem Führungskreis: „Wir sind nicht davor gefeit, dass wir einmal einen Schuft unter uns haben. Wenn ich das schon jetzt wüsste, würde er ab morgen nicht mehr leben. Kurzer Prozess. Weil ich ein Humanist bin. Deshalb habe ich solche Auffassung. [...] Das ganze Geschwafel von wegen ‚nicht hinrichten‘ und ‚nicht Todesurteil‘ – alles Käse, Genossen. Hinrichten, die Menschen, ohne Gesetze, ohne Gerichtsbarkeit und so weiter!" Diese Sätze sind nicht allein schriftlich überliefert. Sie haben auch als Tonaufzeichnung die Zeiten überdauert.

In der DDR wurde die Todesstrafe 1987 abgeschafft. Vermutlich 164 Verurteilte starben durch den Strang, unter der Guillotine bzw. ab 1968 durch Pistolenschuss in den Hinterkopf. Die letzte Hinrichtung in Leipzig erfolgte 1981. 20 Jahre später legte die sächsische Staatsregierung fest, dass die Hinrichtungsstätte als Erinnerungsort zu erhalten sei. Das Denkmal befindet sich in der Obhut des Bürgerkomitees Leipzig e.V. Es erklärte dazu: „Hintergrund ist, dass Prozesse mit Todesurteil politischem Einfluss ausgesetzt waren und keiner der Hingerichteten ein rechtsstaatliches Verfahren erhalten hatte. Erinnert wird somit an die Opfer politischer Willkürherrschaft, unabhängig von deren strafrechtlicher Schuld."

Populärer Irrtum!

Auf die Palme gebracht

Hinter der Nikolaikirche ragt eine mit Palmwedeln gekrönte Säule in die Höhe. 16 Meter ist sie hoch. Klar, solche Säulen kennt man aus der klassizistischen Architektur. Doch um die Nikolaisäule ist es dann doch ein wenig anders bestellt.

Oben: Die Palmsäule hinter St. Nikolai.
Rechts: Ihre Vorbilder aus der Kirche, hier auf einer Aufnahme von 1895

Beginnen wir in der Kirche selbst. Errichtet wurde St. Nikolai im 12. Jahrhundert. Einem Umbau in der Spätgotik folgte ein weiterer ausgangs des 18. Jahrhunderts, nun im Stil des Klassizismus. Verantwortlich für die seitdem unveränderte Architektur des Innenraums zeichnete Leipzigs Baudirektor Johann Carl Friedrich Dauthe. Er ließ unter anderem die Stützpfeiler zu Säulen umgestalten. Sie erhielten senkrechte Furchen sowie auffällige Kapitelle. Aus diesen ragen Palmwedel empor, die mit spielerischer Leichtigkeit die Decke zu stützen scheinen. In Erinnerung an den Baudirektor ist oft auch von Dautheschen Säulen die Rede.

200 Jahre später wurde die Nikolaikirche mit ihren Friedensgebeten zu einem Zentrum der Bürgerbewegung. Schon bald trugen die Menschen den Protest aus der Kirche nach draußen. Daran wiederum erinnert die Säule auf dem frei zugänglichen Kirchhof. Sie markiert den Startpunkt der Montagsdemonstrationen. 1999 wurde diese Dauthesche Säule als Denkmal errichtet. Sie ist den Originalen aus St. Nikolai weitgehend nachempfunden. Der künstlerische Entwurf stammt vom Leipziger Andreas Stötzner, die Umsetzung übernahm der Bildhauer Markus Gläser. Die Palmwedel dürfen wir seitdem mit einem Augenzwinkern deuten: Die Montagsdemonstranten hatten es schlichtweg verstanden, die Staatsgewalt mit friedlichen Mitteln „auf die Palme" zu bringen.

10 Fakten zur Friedlichen Revolution

Leipzig hat 1989 deutsch-deutsche Geschichte geschrieben. Von hier aus verbreitete sich der Funke der Friedlichen Revolution in der DDR. Die Wurzeln gründen bereits in den frühen 1980er-Jahren.

Warum demonstrierten die Leipziger immer montags?

Die Montagsdemonstrationen gehen auf die montäglichen Friedensgebete in der Nikolaikirche zurück. Sie fanden seit 1982 regelmäßig statt. Ab 1988 hielten sich die Teilnehmer nach dem Friedensgebet immer wieder auf dem Nikolaikirchhof auf, um weiter miteinander zu sprechen. Daraus entwickelten sich zunächst stationäre Proteste, dann die Demonstrationen.

Gab es zuvor schon Friedensgebete?

Ja, in der Friedensdekade 1981. Damals kamen etwa 800 Personen zum Abschlussgottesdienst in die Nikolaikirche. Dabei wurde die Stationierung von Pershing-Raketen im Westen und von SS20-Raketen im Osten kritisch reflektiert.

Wieso ging der Widerstand ausgerechnet von der Nikolaikirche aus?

„Nikolaikirche – offen für alle", so hieß es auf Plakaten bereits Mitte der 80er-Jahre. Die evangelische Gemeinde bot damit auch Nichtchristen eine Form der Öffentlichkeit, die ansonsten im DDR-Alltag nicht möglich war. Weder öffentliche Kritik am politischen System noch nachhaltiger Protest durften in der DDR artikuliert werden. Wer sich nicht daran hielt, gegen den ging die Staatsgewalt offen wie verdeckt vor. Das zeigte sich auch nach den Friedensgebeten. Demonstrationen wurden gewaltsam aufgelöst, immer wieder kamen Teilnehmer zeitweise in Haft.

Welche Bürgerrechtler versammelten sich unter dem Dach der Kirche?

In Leipzig waren hauptsächlich basisdemokratische Gruppen aktiv, etwa die Arbeitsgruppe Menschenrechte, der Arbeitskreis Gerechtigkeit, die Arbeitsgruppe Umweltschutz, die Initiativgruppe Leben und die Frauen für den Frieden.

In Berichten des damaligen Westfernsehens war wiederholt von Ausreisewilligen die Rede, die sich in der Nikolaikirche versammelten. Wie passt das zum Friedensgebet?
1988 kamen immer mehr Menschen zu den Montagsgebeten, die einen Antrag auf Ausreise aus der DDR gestellt hatten. Teils waren es Hunderte. In einer Dokumentation des Archiv Bürgerbewegung Leipzig e.V. heißt es: „Die meisten waren in keiner Weise vertraut mit kirchlichen Gebräuchen und dem christlichen Glauben." Sie erhofften sich vor allem Unterstützung bei der Durchsetzung ihrer persönlichen Interessen. Dieser Wunsch kollidierte letztlich mit den Forderungen der Bürgerrechtler nach Reformen im eigenen Land („Wir bleiben hier!").

Begrüßten alle Kirchenvertreter die Friedensgebete?
Nein, es gab intern auch offenen Widerstand gegen die Politisierung der Friedensgebete. So entband Superintendent Friedrich Magirius 1988 den Pfarrer Christoph Wonneberger von der Aufgabe, die Friedensgebete zu organisieren. Nichtkirchliche Basisgruppen sollten fortan ausgeschlossen werden. Letztlich ließ sich dies nicht durchsetzen. Bürgerrechtler warfen dem Superintendenten noch Jahrzehnte später vor, dem SED-Staat einseitig nahegestanden zu haben. Andere lobten sein auf Ausgleich setzendes Handeln.

Die Mauer fiel am 9. November 1989. Warum feiert Leipzig den 9. Oktober als Tag der Friedlichen Revolution?
Der 9. Oktober 1989 war der entscheidende Tag für den Fortgang der Friedlichen Revolution. Im Vorfeld der Montagsdemonstration hatten SED-Chef Erich Honecker sowie Stasi-Minister Erich Mielke „offensive Maßnahmen zur Unterbindung und Auflösung von Zusammenrottungen" befohlen. Rund 8.000 Einsatzkräfte (Polizei, Stasi, Armee) waren in Leipzig zusammengezogen worden. Angesichts der unerwartet hohen Zahl friedlicher Demonstranten – es waren 70.000 – brach der Handlungswille der Staatsgewalt. Eine Woche später waren es mehr als 100.000, die „Wir sind das Volk!" skandierten.

Die Ereignisse von 1989 werden oft auch als Wende bezeichnet. Warum ist dieser Begriff missverständlich?

Ausgerechnet SED-Chef Egon Krenz sprach im Herbst 1989 öffentlich von einer Wende. Letztlich meinte er damit nur eine Kurskorrektur der Herrschenden, nicht aber eine radikale Umgestaltung der politischen Verhältnisse. Entsprechend kam alsbald die Redewendung vom Wendehals auf, was einen sich heuchlerisch an neue Verhältnisse anpassenden Menschen meinte.

Wie erinnert Leipzig heute an die Friedliche Revolution?

Jenseits der Gedenktage sind vor allem zwei museale Angebote bemerkenswert. Das Zeitgeschichtliche Forum (Grimmaische Straße 6) veranschaulicht die Geschichte des geteilten Deutschlands und die Zeit der Wiedervereinigung. In der Gedenkstätte Runde Ecke (Dittrichring 24) arbeitet das 1989 entstandene Bürgerkomitee Leipzig e.V. die Geschichte und das Wirken der Stasi auf. Außerdem sind im Stadtgebiet zahlreiche Stelen aufgestellt, die in Text und Bild von herausragenden Daten bzw. Stationen der Friedlichen Revolution erzählen.

Gibt es noch immer Friedensgebete in Leipzig?

Ja, jeden Montag ab 17 Uhr in der Nikolaikirche. Während der Friedensdekade im November finden sie sogar täglich statt.

Ins Pflaster des Nikolaikirchhofs wurde eine Gedenkplatte eingelassen.

Leipzig. Eine Zeitreise

280000 v. Chr. Urmenschen leben im Umland des heutigen Leipzigs. Sie hinterlassen zahlreiche Feuersteingeräte.

5500 v. Chr. Die zwei ältesten bekannten Siedlungen entstehen. Sie befinden sich unweit des heutigen Neuen Rathauses.

150 Der Grieche Ptolemäus erwähnt eine germanische Stadt namens Aregelia in seinem geografischen Standardwerk. Vermutlich ist das spätere Leipzig gemeint.

531 Die Region um Leipzig gehört zum Thüringer Königreich. Das Reich wird von den Franken überfallen und erlischt nach einer Entscheidungsschlacht an der Unstrut. Ob auch die im Gebiet des heutigen Niedersachsen lebenden Sachsen gegen die Thüringer gezogen sind, ist in der Forschung umstritten. Das Gebiet um Leipzig wird in der Folgezeit von Slawen besiedelt.

1015 Bischof Thietmar von Merseburg sorgt für die Ersterwähnung des Stadtnamens Leipzig. Er spricht in seiner auf Latein verfassten Chronik von „urbe Lipzi".

1165 Markgraf Otto von Meißen verleiht Leipzig das Stadtrecht. Da die Urkunde kein Datum trägt, ist es möglich, dass dies auch einige Jahre früher oder später passiert ist. Der Stadtbrief sichert Leipzig das Privileg zu, dass im Umkreis von 15 Kilometern kein Jahrmarkt stattfinden darf. Das ist letztlich die Geburtsstunde der Leipziger

Messe. In diese Periode fällt der Baubeginn der Nikolaikirche. Sie ist das älteste erhaltene Gotteshaus Leipzigs.

1212 Das Thomaskloster entsteht, und mit ihm die Kirche, eine Schule sowie der Thomanerchor. Die von Kaiser Otto IV. bestätigte Gründungsurkunde gehört zur Sammlung des Hauptstaatsarchivs in Dresden.

1409 Die Universität Alma Mater Lipsiensis gründet sich. Ein Großteil der ersten 1.000 Studenten und Gelehrten kommt von der Universität Prag. Dort hatte der böhmische König die Machtverhältnisse in den universitären Gremien zum Nachteil der Nichtböhmer verändert. Gründungsrektor wurde mit Johannes Otto von Münsterberg ein vormaliger Prager Rektor.

1485 Mit dem Leipziger Vertrag wird die Aufteilung des Kurfürstentums Sachsen geregelt. Zuvor hatten die zum Geschlecht der Wettiner gehörenden Brüder Ernst und Albert gemeinsam regiert. Leipzig gehört fortan zum albertinischen Herzogtum Sachsen, das von Dresden aus regiert wird. Die Ernestiner behalten die Kurwürde; ihr Stammsitz wird Wittenberg.

1497 König Maximilian, der später auch Kaiser wird, erteilt Leipzig das Privileg, Reichsmessen abzuhalten. Das schützt den Handelsstandort vor Konkurrenz. In einem Umkreis von mehr als 100 Kilometern dürfen keine konkurrierenden Messen stattfinden.

1519 Martin Luther und der papsttreue Theologe Johannes Eck liefern sich ein fast drei Wochen währendes, akademisches Streitgespräch in der Pleißenburg. Es geht als Leipziger Disputation in die Geschichte ein. Im Zentrum der Debatte stehen der Führungsanspruch des Papstes, der Ablasshandel sowie das Fegefeuer. Eck verleitet Luther dazu, Thesen des als Ketzer verbrannten Jan Hus als christlich zu bezeichnen. Genau 500 Jahre später kehren die Beteiligten in Form lebensgroßer Figuren zurück nach Leipzig. Sie zieren seither die Fassade der neugebauten Burgplatz-Passage.

1547 Im Schmalkaldischen Krieg (1546/47) stehen sich der katholische Kaiser und die protestantischen Fürsten gegenüber. Die Albertiner haben zwar die Reformation eingeführt, schlagen sich aber dennoch auf die Seite des Kaisers. Daraufhin wird das albertinische Leipzig im Januar 1547 von den Ernestinern erfolglos belagert. Nach dem Sieg der Kaiserlichen in der Schlacht bei Mühlberg entzieht der Kaiser den Ernestinern große Teile ihres Herrschaftsbereiches sowie die Kurwürde. Er überträgt sie als Belohnung an die Albertiner. Der neue Kurfürst Moritz lässt Leipzig in den folgenden Jahren stark befestigen.

1556/ Das Alte Rathaus entsteht im Stil der
1557 Renaissance. Seit seiner ersten großen Renovierung im Jahre 1672 wird das Gebäude von einem mehr als 200 Meter langen Schriftzug umspannt. Er berichtet davon, dass die Arbeiten binnen weniger Monate (März bis November) ausgeführt worden sind. Bis 1905 bleibt das Alte Rathaus der Sitz der Stadtverwaltung.

1631/ Vor den Toren von Leipzig toben zwei der
1632 bekanntesten Schlachten des Dreißigjährigen Krieges. In der Schlacht bei Breitenfeld (nördlich von Leipzig, heute

Die astronomische Uhr ist eine von drei Uhren am Rathausturm.

zum Stadtgebiet gehörend) fügen die Schweden und Sachsen dem Kaiserlichen Heer eine schwere Niederlage zu. Etwa ein Jahr später kommt es südlich von Leipzig zur Schlacht bei Lützen. Beide Seiten erleiden große Verluste. Mit König Gustav Adolf fällt der schwedische Oberbefehlshaber. Aufseiten der Kaiserlichen wird Feldmarschall Pappenheim schwer getroffen; er stirbt am Folgetag in Leipzig.

1642 Wieder wird Breitenfeld zum Schauplatz einer Schlacht. Sachsen hatte bereits einige Jahre zuvor die Seiten gewechselt. Nun verliert das Kurfürstentum an der Seite der Kaiserlichen gegen die zahlenmäßig unterlegenen Schweden. Leipzig wird von den Siegern besetzt. Erst 1650, zwei Jahre nach Kriegsende, ziehen die Schweden wieder ab.

1650 Mit den „Einkommenden Zeitungen" gibt der Buchhändler Timotheus Ritzsch in Leipzig die erste bekannte Tageszeitung der Welt heraus. Sie erscheint an sechs Wochentagen. Bereits seit 1643 hatte er Zeitungen gedruckt; diese erschienen mehrmals pro Woche.

1680 Leipzig schottet sich ab Juni angesichts einer Pestepidemie ab. An den Stadttoren werden eintreffende Menschen nach Symptomen untersucht. Alle Bürger sind aufgefordert, sich für ein Jahr mit Getreide zu bevorraten. Die Seuche hatte sich seit 1679 von Konstantinopel aus über Ungarn, Prag und Dresden ausgebreitet. Die Vorsichtsmaßnahmen nützen wenig. In Leipzig fallen mindestens 3.212 Menschen der Pest zum Opfer.

1723 Johann Sebastian Bach wird Thomaskantor in Leipzig. Er bleibt es bis zu seinem Tod 1750.

1765 Der 16-jährige Johann Wolfgang Goethe nimmt ein Jurastudium in Leipzig auf. Großen Einfluss auf sein kunstgeschichtliches Verständnis nimmt Adam Friedrich Oeser, Direktor der Zeichenakademie. Er entfacht Goethes Begeisterung für die Kunst der Antike. 1768 erleidet der Student einen Blutsturz, vermutlich in Folge einer Tuberkulose. Goethe fühlt sich mehrere Tage lang dem Tode nahe. Nach der Genesung kehrt er in seine Vaterstadt Frankfurt am Main zurück – ohne akademischen Abschluss.

Das Goethedenkmal auf dem Naschmarkt vor der Alten Börse

1813   Mit der Völkerschlacht findet die Entscheidungsschlacht der
Befreiungskriege gegen Napoleon statt. Der sächsische König
Friedrich August ist mit den Franzosen verbündet; er wird in Leipzig
gefangen genommen.

1825   Der Börsenverein der Deutschen Buchhändler gründet sich in
Leipzig. Die Stadt war bereits im 18. Jahrhundert zum Zentrum des
deutschen Buchhandels geworden.

1845   Ein Prinz mit unglaublich vielen Vornamen besucht Leipzig am
12. August: Johann Nepomuk Maria Joseph Anton Xaver Vincenz
Aloys Franz de Paula Stanislaus Bernhard Paul Felix Damasus –
oder, kurz gesagt, Johann von Sachsen. Er ist der Bruder des Königs.
Viele Bürger nutzen die Gelegenheit, um gegen die reaktionäre
Politik der Machthaber zu demonstrieren. Prinz Johann lässt den
Menschenauflauf vom Militär gewaltsam auflösen. Acht Bürger
werden erschossen. Die Vorfälle gehen als Leipziger Gemetzel in die
Geschichte ein. Johann von Sachsen wird neun Jahre später selbst
König.

1863   In Leipzig gründet sich der Allgemeine Deutsche Arbeiterverein
unter Führung von Ferdinand Lassalle. Zwölf Jahre später vereint
sich der ADAV mit der Sozialdemokratischen Arbeiterpartei zur
Sozialistischen Arbeiterpartei. Daraus geht 1890 die heutige SPD
hervor.

1870   Die Zahl der Einwohner erreicht die 100.000-Marke, damit ist
Leipzig nun eine Großstadt.

1903   Der VfB Leipzig gewinnt die erste deutsche Fußballmeisterschaft.

1913   Das Völkerschlachtdenkmal wird eingeweiht.

1930   Mit 718.200 erreicht die Einwohnerzahl ihren historischen Höchst-
stand.

1933 In Leipzig kommt es zu einem der bekanntesten deutschen Ge-
richtsprozesse aller Zeiten. Das Reichsgericht verhandelt den auf
Brandstiftung beruhenden Reichstagsbrand. Die Nazis versuchen,
den Fall als kommunistische Verschwörung darzustellen. Der ge-
ständige Brandstifter Marinus van der Lubbe wird wegen Hochver-
rats zum Tode verurteilt. Das Urteil wird im Januar 1934 in Leipzig
vollstreckt. Die ebenfalls angeklagten, angeblichen Hintermänner
kommen frei. Zu ihnen gehört der bulgarische Kommunist Georgi
Dimitroff. Er verteidigt sich mit großem rhetorischen Geschick.
Legendär ist seine Befragung des damaligen Innenministers
Hermann Göring, in der er die Anklage als haltlos entlarvt.

„Der Held von Leipzig", so wird Dimitroff auf einem Briefmarkenblock der DDR im Jahre
1982 genannt. Verwendet wurde eine Fotomontage von John Heartfield, die ihn bei der
Befragung Görings zeigt.

1943 Am 4. Dezember erlebt Leipzig den schwersten Luftangriff im
Zweiten Weltkrieg. Mehr als 1.800 Menschen sterben. Jedes zweite
Wohnhaus wird beschädigt, Hunderte Geschäftshäuser werden
getroffen, zahlreiche Schulen, Kirchen und öffentliche Gebäude.

Viele historische Bauten der Innenstadt versinken in Schutt und Asche. Bis in den April 1945 folgen immer wieder Bombardements. Insgesamt sterben dabei über 5.000 Menschen.

1945   Am 18. April besetzt die 1. US-Armee die Stadt. Zwei Wochen später endet der Zweite Weltkrieg. Im Juli übergeben die Amerikaner Leipzig an die Sowjetische Armee. Die Aufteilung Deutschlands in Besatzungszonen hatten die Alliierten bereits im Februar vereinbart.

1952   Die Regierung der DDR dekretiert: „Das noch vom kaiserlichen Deutschland stammende System der administrativen Gliederung in Länder mit eigenen Landesregierungen sowie in große Kreise gewährleistet nicht die Lösung der neuen Aufgaben unseres Staates." Fortan übernehmen 14 Bezirke sowie 217 ihnen nachgeordnete Kreise die flächendeckende Verwaltung. Praktisch hören die Länder damit auf zu existieren, auch Sachsen. Leipzig wird Hauptstadt des Bezirks Leipzig.

1989   Leipzig ist Keimzelle der Friedlichen Revolution in der DDR. Die Montagsdemonstration am 6. November hat die meisten Teilnehmer. Schätzungen sprechen von 300.000 bis 400.000 Menschen.

1996   Der Bau des neuen Messegeländes beginnt.

1997   Der 5. Strafsenat des Bundesgerichtshofs verlegt seinen Sitz von Berlin nach Leipzig. Fünf Jahre später zieht auch das Bundesverwaltungsgericht nach Leipzig. Es ist im ehemaligen Reichsgericht ansässig.

2002   Leipzig wird zu einem neuen Standort der deutschen Automobilindustrie. Porsche eröffnet sein Leipziger Werk. Drei Jahre später nimmt auch BMW die Produktion von Pkw in Leipzig auf.

2020   Im Zuge der Corona-Krise wird die alljährliche Leipziger Buchmesse abgesagt.

Was andere über Leipzig sagen

„Die Berge sind so schön, so erhaben! Aber es gibt hier keine!"
Joachim Ringelnatz

„Ich komme nach Leipzig, an den Ort, wo man die ganze Welt im Kleinen sehen kann."
Gotthold Ephraim Lessing

„Die Leipziger sind als eine kleine moralische Republik anzusehen. Jeder steht für sich, hat einige Freunde und geht in seinem Wesen fort."
Johann Wolfgang von Goethe

Und das sage ich ...

„Ach wie beneide ich immer Leipzig um seine Musik!"
Clara Schumann